ERUDA
973)

RICARDO NEFTALI REYES BASOALTO nasceu na cidade chilena de Parral, em 12 de julho de 1904. Sua mãe era professora e morreu logo após o nascimento do filho. Seu pai, que era ferroviário, mudou-se para a cidade de Temuco, onde se casou novamente. Ricardo passou a infância perto de florestas, em meio à natureza virgem, o que marcaria para sempre seu imaginário, refletindo-se na sua obra literária.

Com treze anos, começou a contribuir com alguns textos para o jornal *La Montaña*. Foi em 1920 que surgiu o pseudônimo Pablo Neruda – uma homenagem ao poeta tchecoslovaco Jan Neruda. Vários dos poemas desse período estão presentes em *Crepusculário*, o primeiro livro do poeta, publicado em 1923.

Além das suas atividades literárias, Neruda estudou francês e pedagogia na Universidade do Chile. No período de 1927 a 1935, trabalhou como diplomata, vivendo em Burma, Sri Lanka, Java, Cingapura, Buenos Aires, Barcelona e Madri. Em 1930, casou-se com María Antonieta Hagenaar, de quem se divorciaria em 1936. Em 1955, conheceu Mathilde Urrutia, com quem ficaria até o final da vida.

Em meio às turbulências políticas do período entreguerras, publicou o livro que marcaria um novo período em sua obra, *Residência na terra* (1933). Em 1936, o estouro da Guerra Civil Espanhola e o assassinato de García Lorca aproximaram o poeta chileno dos republicanos espanhóis, e ele acabou destituído de seu cargo consular. Em 1943, voltou ao Chile, e, em 1945 foi eleito senador da república, filiando-se ao partido comunista chileno. Teve de viver clandestinamente em seu próprio país por dois anos, até exilar-se, em 1949. Um ano depois foi publicado no México e clandestinamente no Chile o livro *Canto geral*. Além de ser o título mais célebre de Neruda, é uma obra-prima de poesia telúrica que exalta poderosamente toda a vida do Novo

Mundo, denuncia a impostura dos conquistadores e a tristeza dos povos explorados, expressando um grito de fraternidade através de imagens poderosas.

Após viver em diversos países, Neruda voltou ao Chile em 1952. Muito do que ele escreveu nesse tempo tem profundas marcas políticas, como é o caso de *As uvas e o vento* (1954), que pode ser considerado o diário de exílio do poeta. Em 1971, Pablo Neruda recebeu a honraria máxima para um escritor, o Prêmio Nobel de Literatura. Morreu em Santiago do Chile, em 23 de setembro de 1973, apenas alguns dias após o golpe militar que depusera da presidência do país o seu amigo Salvador Allende.

Livros do autor na Coleção **L&PM** POCKET:

A barcarola
Cantos cerimoniais (Edição bilíngue)
Cem sonetos de amor
O coração amarelo (Edição bilíngue)
Crepusculário (Edição bilíngue)
Defeitos escolhidos & 2000 (Edição bilíngue)
Elegia (Edição bilíngue)
Jardim de inverno (Edição bilíngue)
Livro das perguntas (Edição bilíngue)
Memorial de Isla Negra
Residência na terra I (Edição bilíngue)
Residência na terra II (Edição bilíngue)
A rosa separada (Edição bilíngue)
Terceira residência (Edição bilíngue)
Últimos poemas (Edição bilíngue)
As uvas e o vento
Vinte poemas de amor e uma canção desesperada (Edição bilíngue)

PABLO NERUDA

DEFEITOS ESCOLHIDOS
&
2000

Tradução de Geraldo Galvão Ferraz

Edição bilíngue

www.lpm.com.br

L&PM POCKET

Coleção **L&PM** POCKET, vol. 451

Texto de acordo com a nova ortografia.

Título original: *Defectos escogidos* e *2000*

Este livro foi publicado pela L&PM Editores, em formato 14x21cm, em 1984.

Primeira edição na Coleção **L&PM** POCKET: março de 2008
Esta reimpressão: novembro de 2024

Capa: Ivan Pinheiro Machado. *Ilustração:* "America pré-hispânica", Diego Rivera (1950)
Tradução: Geraldo Galvão Ferraz
Revisão: Renato Deitos e Jó Saldanha

N454d Neruda, Pablo, 1904-1973.

Defeitos escolhidos & 2000 / Neftali Ricardo Reyes; tradução de Geraldo Galvão Ferraz. – Porto Alegre: L&PM, 2024.
128 p. ; 18 cm. – (Coleção L&PM POCKET)

ISBN 978-85-254-1423-6
Nota: Edição bilíngue: espanhol-português.

1.Ficção chilena-poesias. 2.Reyes, Neftali Ricardo, 1904-1973. I.Título. II.Série.

CDD Ch861
CDU 821.134.2(83)-1

Catalogação elaborada por Izabel A. Merlo, CRB 10/329

© Fundación Pablo Neruda, 1974
Defectos escogidos © 1974 e 2000, © 1974

Todos os direitos desta edição reservados a L&PM Editores
Rua Comendador Coruja, 314, loja 9 – Floresta – 90.220-180
Porto Alegre – RS – Brasil / Fone: 51.3225.5777

Pedidos & Depto. Comercial: vendas@lpm.com.br
Fale conosco: info@lpm.com.br
www.lpm.com.br

Impresso no Brasil
Primavera de 2024

SUMÁRIO

DEFEITOS ESCOLHIDOS

Repertorio 8
Repertório 9
Antoine Courage 12
Antoine Courage 13
El otro 16
O outro 17
Deuda externa 20
Dívida externa 21
Un tal Montero 26
Um certo Montero 27
Cabeza a pajaros 30
Cabeça de pássaros 31
Charming 34
Charming 35
Llegó Homero 38
Chegou Homero 39
Peña brava 42
Penha brava 43
Pasó por aqui 44
Passou por aqui 45
Triste canción para aburrir a cualquiera 48
Triste canção para chatear qualquer um 49
El incompetente 54
O incompetente 55
Orégano 58
Orégano 59
Los que me esperan en Milán 64
Os que me esperam em Milão 65

Parodia del guerrero 66
Paródia do guerreiro..67
Otro castillo..72
Outro castelo..73
El gran orinador..76
O grande urinador...77
Muerte y persecución de los gorriones 80
Morte e perseguição dos pardais.............................81
Paseando con Laforgue..86
Passeando com Laforgue..87

2000

I	Las máscaras..94
I	As máscaras...95
II	Las invenciones...96
II	As invenções..97
III	Las espigas..98
III	As espigas...99
IV	La tierra 100
IV	A terra...101
V	Los invitados...104
V	Os convidados...105
VI	Los hombres..108
VI	Os homens 109
VII	Los otros hombres......................................112
VII	Os outros homens.......................................113
VIII	Los materiales 114
VIII	Os materiais...115
IX	Celebración..116
IX	Celebração..117

DEFEITOS ESCOLHIDOS

REPERTORIO

Aquí hay gente con nombres y con pies
con calle y apellido:
también yo voy en la hilera
con el hilo.
Hay los ya desgranados
en
el
pozo
que hicieron y en el que cayeron:
hay los buenos y malos a la vez,
los sacrificadores y la piedra
donde les cercenaron la cabeza
a cuantos se acercaron a su abismo.

Hay de todo en la cesta: sólo son
cascabeles aquí, ruidos de mesa,
de tiros, de cucharas, de bigotes:
no sé qué me pasó ni qué pasaba
conmigo mismo ni con ellos,
lo cierto es que los vi,
los toqué y como anda la vida
sin detener sus ruedas
yo los viví cuando ellos me vivieron,
amigos o enemigos o paredes,
o inaceptables santos que sufrían,

REPERTÓRIO

Aqui há gente com nomes e com pés
com endereço e sobrenome:
eu também vou na fieira
com o fio.
Há os já debulhados
no
poço
que fizeram e em que caíram:
há os bons e os maus ao mesmo tempo,
os sacrificadores e a pedra
onde deceparam a cabeça
de quantos se aproximaram do seu abismo.

Há de tudo na cesta: aqui só
estão cascavéis, ruídos de mesa,
de tiros, de colheres, de bigodes:
não sei o que me aconteceu nem o que acontecia
comigo mesmo nem com eles,
o certo é que os vi,
toquei-os e como a vida anda
sem deter suas rodas
eu os vivi quando eles me viveram,
amigos ou inimigos ou paredes,
ou inaceitáveis santos que sofriam,

o caballeros de sombrero triste,
o villanos que el viento se comió,
o todo más: el grano del granero
las culpas mías sin cesar desnudas
que al entrar en el baño cada día
salieron más manchadas a la luz.

Ay sálvese quien pueda!

Yo el archivista soy de los defectos
de un solo día de mi colección
y no tengo crueldad sino paciencia:
ya nadie llora, se pasó de moda
la bella lágrima como una azucena,
y hasta el remordimiento falleció.

Por eso yo presento mi corona
de inicuo juez que no contenta a nadie,
ni a los ladrones, ni a su digna esposa:
ya lo saben ustedes:
yo que hablo por hablar hablo de menos:
de cuanto he visto, de cuanto veré
me voy quedando ciego.

ou cavalheiros de chapéu triste,
ou vilões que o vento comeu,
ou tudo mais: o grão do paiol
as minhas culpas desnudadas sem cessar
que ao entrar no banho a cada dia
saíram mais manchadas à luz.

Ai, salve-se quem puder!

O arquivista sou dos defeitos
de um só dia de minha coleção
e não tenho crueldade mas paciência:
já ninguém chora, passou de moda
a bela lágrima como uma açucena
e até mesmo o remorso faleceu.

Por isso apresento minha coroa
de iníquo juiz que não contenta ninguém,
nem aos ladrões, nem à sua digna esposa:
vocês já sabem disso:
eu que falo por falar falo de menos
por quanto vi, por quanto verei
estou ficando cego.

ANTOINE COURAGE

Aquel alguien después de haber nacido
dedicó a socavarse su existencia
con ese material fue fabricando
su torre desdichada:
y para mí lo extraño de aquel hombre
tan claro y evidente como fue
era que se asomaba a la ventana
para que las mujeres y los hombres
lo vieran a través de los cristales
lo vieran pobre o rico, lo aplaudieran
con dos mujeres a la vez, desnudo,
lo vieran militante o desquiciado,
impuro, cristalino,
en su miseria, en su Jaguar ahíto
de drogas o enseñando la verdad,
o despeñado en su triste alegría.

Cuando esta llama se apagó parece
fácil, al resplandor de nuestra vida
herir al que murió, cavar sus huesos,
desmoronar la torre de su orgullo:
golpear la grieta del contradictorio
comiendo el mismo pan de su amargura:
y medir al soberbio destronado
con nuestra secretísima soberbia:

ANTOINE COURAGE

Aquele alguém depois de ter nascido
dedicou-se a solapar sua existência
com esse material foi fabricando
uma torre desditosa:
e para mim o estranho daquele homem
tão claro e evidente como foi
era aparecer na janela
para que as mulheres e os homens
vissem-no através dos cristais
vissem-no pobre ou rico, aplaudissem-no
com duas mulheres ao mesmo tempo, nu,
vissem-no militante ou isolado,
impuro, cristalino,
em sua miséria, em seu Jaguar entupido
de drogas eu ensinando a verdade,
eu aliviado em sua triste alegria.

Quando esta chama se apagou parece
fácil, no resplandor de nossa vida
ferir aquele que morreu, espalhar seus ossos,
desmoronar a torre de seu orgulho:
golpear a greta do contraditório
comendo o próprio pão de sua amargura:
e medir o soberbo destronado
com nossa secretíssima soberba:

ay no es eso! no es eso! lo que quiero
es saber si aquél era el verdadero:
el que se consumía y se incendiaba
o el que clamaba para que lo vieran:
si fue aquel artesano del desprecio
esperando el amor del despreciado
como tantos mendigos iracundos.

Aquí dejo esta historia:
yo no la terminé sino la muerte
pero se ve que todos somos jueces
y es nuestra voluntad encarnizada
participar en la injusticia ajena.

ah, não é isso! não é isso! o que quero
é saber se aquele era o verdadeiro:
o que se consumia e se incendiava
ou o que clamava para que o vissem:
se foi aquele artesão do desprezo
esperando o amor do desprezado
como tantos mendigos iracundos.

Aqui deixo esta história:
não a terminei, mas a morte
porém se vê que todos somos juízes
e é nossa vontade encarniçada
participar da injustiça alheia.

EL OTRO

Ayer mi camarada
nervioso, insigne, entero,
me volvió a dar la vieja envidia, el peso
de mi propia substancia intransferible.

Te asalté a mi, me asalta
a ti, este frío de cuchillo
cuando te cambiaría por los otros,
cuando tu insuficiencia se desangra
dentro de ti como una vena abierta
y quieres construirte una vez más
con aquello que quieres y no eres.

Mi camarada, antiguo
de rostro como huella de volcán,
cenizas, cicatrices
junto a los viejos ojos encendidos:
(lámparas de su propio subterráneo),
arrugadas las manos
que acariciaron el fulgor del mundo
y una seguridad independiente,
la espada del orgullo
en esas viejas manos de guerrero.
Eso tal vez es lo que yo quería
como destino, aquello

O OUTRO

Ontem meu camarada
nervoso, insigne, íntegro,
voltou-me a dar a velha inveja, o peso
de minha própria substância intransferível.

Assaltei-te a mim, assalta-me
a ti, este frio de punhal
quando te mudaria pelos outros,
quando tua insuficiência se dessangra
dentro de ti como uma veia aberta
e queres construir-te mais uma vez
com aquilo que queres e não és.

Meu camarada, antigo
de rosto como vestígio de vulcão,
cinzas, cicatrizes
junto aos velhos olhos candentes:
(lâmpadas de seu próprio subterrâneo),
enrugadas as mãos
que acariciarão o fulgor do mundo
e uma segurança independente,
a espada do orgulho
nessas velhas mãos de guerreiro.
Talvez seja isso o que eu queria
como destino, aquele

que no soy yo, porque
constantemente cambiamos de sol,
de casa, de país, de lluvia, de aire,
de libro y traje,
y lo mío peor sigue habitándome,
sigo con lo que soy hasta la muerte?

Mi camarada, entonces,
bebió em mi mesa, habló tal vez, o tuvo
alguna de sus interrogaciones
duras como ralámpagos
y se fue a sus deberes, a su casa,
llevándose lo que yo quise ser
y tal vez melancólico
de no ser yo, de no tener mis ojos,
mis ojos miserables.

que não sou eu, porque
constantemente mudamos de sol,
de casa, de país, de chuva, de ares
de livro e traje,
e o pior de mim segue me habitando,
continuo com aquilo que sou até a morte?

Meu camarada, então,
bebeu em minha mesa, falou, quiçá, ou teve
alguma de suas dúvidas
duras como relâmpagos
e se foi aos seus deveres, a sua casa,
levando aquilo que eu quis ser
e talvez melancólico
por não ser eu, por não ter os meus olhos,
meus olhos miseráveis.

DEUDA EXTERNA

Entre *graissage, lavage* y el día *Dimanche*
transcurre el traje verde de este viaje:
atravesando cervecerías se va al mar:
derribando palabras se llega al silencio:
a la tercera soledad, la escogida.

(Montenegro, el caballero sin espejo,
sale, asustado de las conversaciones,
y estima con gravedad que ha llegado la hora
de interrumpir con su presencia la naturaleza.)

Comprendemos a esta nueva estirpe de prisioneros:
él que se quedó adentro de una reunión interminable
donde sin saber cuándo ni cómo,
inmóvil como una estalactita polar,
se dedicó, indefenso entre los capitalistas,
a mirar los rostros fríos de cada uno:
estaban congregados para juzgar a Chile
que les debía mil millones de dólares por cabeza.

Montenegro no supo jamás cómo llegó a esa jaula:
su vida sin embargo no había estado exenta
de aventuras con panteras delicadamente
      sangrientas,

DÍVIDA EXTERNA

Entre *graissage, lavage* e o dia *Dimanche*
transcorre o traje verde desta viagem:
atravessando cervejarias vai-se ao mar:
derrubando palavras se chega ao silêncio:
à terceira solidão, a escolhida.

(Montenegro, o cavalheiro sem espelho,
sai, assustado com as conversações,
e avalia com gravidade que chegou a hora
de interromper com sua presença a natureza.)

Compreendemos esta nova estirpe de prisioneiros:
o que ficou dentro de uma reunião interminável
onde sem saber quando nem como,
imóvel como uma estalactite polar,
dedicou-se, indefeso entre os capitalistas,
a olhar os rostos frios de cada um:
estavam reunidos para julgar o Chile
que lhes devia mil milhões de dólares por cabeça.

Montenegro nunca soube como chegou a essa
      jaula:
contudo sua vida não fora isenta
de aventuras com panteras delicadamente
      sangrentas,

o con serpientes pitones de respetable poderío:
había recorrido la selva de Ceylán al amanecer
disfrazado de cocodrilo para asustar a los elefantes:
pero nunca se creyó tan perdido como esta vez,
en este ministerio de labios delgados y mirada
        abstracta
en que se lanzaban números con frío furor.

Ninguno de los banqueros miró a Montenegro.
        La verdad
es que no se miraban el uno al otro (en el fondo
se conocían), (opacos y a la vez transparentes),
estaban todos de acuerdo en no aceptar a los
        intrusos,
a las moscas que caían sin cesar en el frío.

Ahora le parecía nadar en agua celeste,
volar en la respiración de los bosques, nacer,
no tenía rumbo el precitado, ni alegría,
era el fugitivo de las bocas de París,
el inexacto, el partidario de gregarias costumbres
que había sido acribillado por miradas de revólver
y a punto de desangrarse se había embanderado
para pasar un agradable día campestre.

Dejemos al señor Montenegro reintegrarse a sus
        bares,
a sus estrepitosos amigos de colegio

ou com serpentes píton de respeitável poderio:
percorrera a selva de Ceilão ao amanhecer
disfarçado de crocodilo para assustar os elefantes:
mas nunca se sentiu tão perdido como desta vez,
neste ministério de lábios finos e olhar
      abstrato
em que se lançavam números com frio furor.

Nenhum dos banqueiros olhou para Montenegro.
      A verdade
é que não se olhavam um ao outro (no fundo
se conheciam), (opacos e também transparentes),
estavam todos de acordo em não aceitar os
      intrusos,
as moscas que caíam sem cessar no frio.

Agora parecia nadar em água celeste,
voar na respiração dos bosques, nascer,
não tinha rumo o precitado, nem alegria,
era o fugitivo das bocas de Paris,
o inexato, o partidário de gregários costumes
que fora perfurado por miradas de revólver
e se embandeirara, ao estar a ponto de se dessangrar
para passar um agradável dia campestre.

Deixemos o senhor Montenegro reintegrar-se a seus
      bares,
a seus barulhentos amigos de colégio

y olvidemos en esta carretera de Francia
este automóvil que se dirige a Rouen
con un mortal cualquiera llamado Montenegro.
Cuando la Deuda Externa lo iba a matar de miedo,
él se escapó por los campos de Francia.

Pido respeto por su escapatoria!

e esqueçamos nesta rodovia da França
o automóvel que se dirige a Rouen
com um mortal qualquer chamado Montenegro.
Quando a Dívida Externa ia matá-lo de medo,
ele escapou pelos campos da França.

Peço respeito por sua escapatória!

UN TAL MONTERO

Lo conocí (y aquel hombre se llamaba
Montero) en el tumulto
de una guerra en que anduve.

El estaba adherido a la política
como una concha a la geología,
y parecía ser la coralífera
expresión, uno más del organismo,
vital y vitalicio, jactancioso
de una pureza como la del pueblo.

Ahoa bien, aquel hombre se rompió
y su autenticidad era mentira.
No era tal, descubrimos,
no era una uva del racimo oscuro,
no era el gregario de la voluntad,
ni el capitán unánime:
todo lo que llevaba se cayó
como un viejo vestido. Y se quedó desnudo:
sólo un vociferante individual
surgido de una ciénaga silvestre.

Mas lo que importa o lo que no soporto
es que la falsedad de éste o de aquél
hallen máscara y guantes y vestidos

UM CERTO MONTERO

Conheci-o (e aquele homem se chamava
Montero) no tumulto
de uma guerra em que estive.

Ele estava grudado à política
como uma concha à geologia,
e parecia ser a coralífera
expressão, mais um do organismo,
vital e vitalício, jactancioso
de uma pureza como a do povo.

Agora, bem, aquele homem se rompeu
e sua autenticidade era mentira.
Não era aquilo, descobrimos,
não era uma uva do cacho escuro,
não era o gregário da vontade,
nem o capitão unânime:
tudo que levava caiu
como uma roupa velha. E ficou nu:
apenas um vociferante indivíduo
surgido de um lamaçal silvestre.

Mas o que importa ou o que não suporto
é que a falsidade deste ou daquele
achem máscaras e luvas e roupas

tan suntuosos y tan aderezados
que nosotros, los verdaderos,
convencidos del todo y boquiabiertos
colaboramos en su carnaval
sin saber bien en dónde está la vida.

Ay y que no se llame traidores
a tantos que enseñaron la verdad
viviéndola tal vez con entereza
para llegar a ser sus enemigos
y odiaron desde entonces
lo que ellos fueron y lo que siempre somos.

El pobre renegado
de chamudés en chamudeces vive,
sobrevive en hoteles presuntuosos
deslenguándose más y más amargo
hasta dilucidarse en el vacío
ya sin más compañía que su ombligo.

Por qué imprecarlos cuando se gastaron
vertiendo el frío que llevaban dentro?

tão suntuosas e tão enfeitadas
que nós, os verdadeiros,
convencidos de tudo e boquiabertos
colaboramos em seu carnaval
sem saber direito onde está a vida.

Ah, e que não se chame de traidores
a tantos que ensinaram a verdade
vivendo-a talvez com inteireza
para chegar a ser seus inimigos
e odiaram desde então
o que eles foram e o que sempre somos.

O pobre renegado
de lugar em lugares vive,
sobrevive em hotéis presunçosos
condenando-se mais e mais amargo
até explicar-se ao vazio
já sem outra companhia além do umbigo.

Por que maldizê-los quando se gastaram
vertendo o frio que traziam dentro?

CABEZA A PAJAROS

El caballero Marcenac
vino a verme al final del día
con más blancura em la cabeza
llena de pájaros aún.

Tiene palomas amarillas
adentro de su noble cráneo,
estas palomas le circulan
durmiendo en el anfiteatro
de su palomar cerebelo,
y luego el ibis escarlata
pasea sobre su frente
una ballesta ensangrentada.

Ay qué opulento privilegio!

Llevar perdices, codornices,
proteger faisanes vistosos
plumajes de oro que rehúyen
la terrenal cohetería,
pero además gorriones, aves
azules, alondras, canarios,
y carpinteros, pechirrojos,
bulbules, diucas, ruiseñores.

CABEÇA DE PÁSSAROS

O cavalheiro Marcenac
veio ver-me no final do dia
com mais brancura na cabeça
cheia de pássaros ainda.

Tem pombas amarelas
dentro de seu nobre crânio,
estas pombas circundam-no
dormindo no anfiteatro
de seu cerebelo-pombal,
e depois o íbis escarlate
passeia por sobre sua testa
uma besta ensanguentada.

Ah, que opulento privilégio!

Levar perdizes, codornizes,
proteger faisões vistosos
plumagens de ouro que repelem
o foguetório terreno,
mas também pardais, aves
azuis, calhandras, canários
e carpinteiros, pintarroxos,
carriças, diucas, rouxinóis.

Adentro de su clara cabeza
que el tiempo ha cubierto de luz
el caballero Marcenac
con su celeste pajarera
va por las calles. Y de pronto
la gente cree haber oído
súbitos cánticos salvajes
o trinos del amanecer,
pero como él no lo sabe
sigue su paso transeúnte
y por donde pasa lo siguen
pálidos ojos asustados.

El caballero Marcenac
ya se ha dormido en Saint Denis:
hay un gran silencio en su casa
porque reposa su cabeza.

Dentro de sua clara cabeça
que o tempo cobriu de luz
o cavalheiro Marcenac
com seu celeste passaredo
vai pelas ruas. E de repente
as pessoas imaginam ouvir
súbitos cânticos selvagens
ou clarinadas do amanhecer,
mas como ele não sabe disso
continua seu passo transitório
e por onde passa seguem-no
pálidos olhos assustados.

O cavalheiro Marcenac
já dormiu em Saint Denis:
há um grande silêncio na casa dele
porque sua cabeça está repousando.

CHARMING

La encantadora familia
con hijas exquisitamente excéntricas
se va reuniendo en la tumba:
unos del brazo de la coca,
otros debilitados por las deudas:
con muchos grandes ojos pálidos
se dirigen en fila al mausoleo.

Alguno tardó más de lo previsto
(extraviado en safari o sauna o cama),
tardío se incorporó al crepúsculo,
al té final de la final familia.

La generala austera
dirigía
y cada uno contaba su cuento
de matrimonios muy malavenidos
que simultáneamente se pegaban
golpes de mano, plato o cafetera,
en Bombay, Acapulco, Niza o Río.

La menor, de ojos dulces y amarillos,
alcanzó a desvestirse en todas partes,
precipitadamente tempestuosa,
y uno de ellos salía de una cárcel
condenado por robos elegantes.

CHARMING

A ENCANTADORA família
com filhas esquisitamente excêntricas
vai se reunindo na tumba:
uns pela mão da coca,
outros debilitados pelas dívidas:
com olhos pálidos muito grandes
dirigem-se em fila ao mausoléu.

Algum demorou mais que o previsto
(extraviado num safári ou sauna ou cama),
tardio se juntou no crepúsculo
ao chá final da final família.

A generala austera
dirigia
e cada um contava sua história
de casais muito brigões
que simultaneamente trocavam
golpes de mão, prato ou cafeteira,
em Bombaim, Acapulco, Nice ou Rio.

A menor, olhos suaves e amarelos,
chegou a desvestir-se em todas as partes,
precipitadamente tempestuosa,
e um deles saía de um cárcere
condenado por roubos elegantes.

El mundo iba caminando
porque el tiempo inmutable caminaba
del bracete de la Reforma Agraria
y era difícil encontrar dinero
colgado en las paredes: el reloj
ya no marcaba la hora sonriendo:
era otro rostro de la tarde inmóvil.

No sé cuándo se fueron:
no es mi papel anotar las salidas:
se fue aquella familia encantadora
y nadie ya recuerda su existencia:
La oscura casa es un colegio claro
y en la cripta se unieron los dispersos.

Cómo se llaman, cómo se llamaron?

Nadie pregunta ya, ya no hay memoria,
ya no hay piedad, y sólo yo contesto
para mí mismo, con cierta ternura:
porque seres humanos y follajes
cumplen con sus cobres, se deshojan:
siguen así las vidas y la tierra.

O mundo ia caminhando
porque o tempo imutável caminhava
de bracinho dado com a Reforma Agrária
e era difícil encontrar dinheiro
pendurado nas paredes: o relógio
já não marcava a hora sorrindo:
era outro rosto da tarde imóvel.

Não sei quando se foram:
não é meu papel anotar as saídas:
foi-se aquela família encantadora
e ninguém recorda mais sua existência:
A casa escura é um colégio claro
e na cripta uniram-se os dispersos.

Como se chamam, como se chamarão?

Ninguém pergunta mais, já não há memória,
já não há piedade, e só eu respondo
para mim mesmo, com certa ternura:
porque seres humanos e folhagens
acabam com suas cores, desfolham-se:
continuam assim as vidas e a terra.

LLEGÓ HOMERO

H. Arce y desde Chile. Señor mío,
qué distancia y qué parco caballero:
parecía que no, que no podía
salir de Chile, mi patria espinosa,
mi patria rocallosa y movediza.
De allí hasta acá, formalmente ataviado
de corbata y planchado pantalón
atlántico llegó, después de todo,
sin comentar la heroica travesía,
en un avión repleto,
el pasajero de primera vez.

Hay que tomar en cuenta
su identidad estática y poética,
el quieto numeral de cada día
que mantuvo en reposo
el noble fuego de su poesía.

Hay que saber las cosas de estos hombres
que de grandes que son se disimulan
menospreciando las hegemonías
tan integrales como la madera
de las antiguas vigas suavizadas
por el tacto del tiempo y del decoro.

CHEGOU HOMERO

H. Arce e do Chile. Senhor meu,
que distância e que parco cavalheiro:
parecia que não, que não podia
sair do Chile, minha pátria espinhosa,
minha pátria rochosa e movediça.
Dali até aqui, formalmente trajado
de gravata e calça bem passada
atlântico chegou, depois de tudo,
sem comentar a heroica travessia,
em um avião repleto,
o passageiro de primeira vez.

Tem de se levar em conta
sua identidade estática e poética,
o quieto numeral de cada dia
que manteve em repouso
o nobre fogo de sua poesia.

Tem de se saber as coisas destes homens
que por grandes que são dissimulam-se
menosprezando as hegemonias
tão integrais quanto a madeira
das antigas vigas suavizadas
pelo tato do tempo e do decoro.

Ahora está aquí otra vez mi compañero.
Y como lo conozco no le digo nada sino "Buenos días".

Agora está aqui outra vez meu companheiro.
E como o conheço não lhe digo nada além de "Bom dia".

PEÑA BRAVA

Hay una peña brava
aquí, en la costa,
el viento furibundo,
la sal del mar, la ira,
desde hace siempre, ahora
y ayer, y cada siglo
la atacaron:
tiene arrugas,
cavernas,
grietas, figuras, gradas,
mejillas de granito
y estalla el mar en la roca
amándola,
rompe el beso maligno,
relámpagos de espuma,
brilho de luna rabiosa.
Es una peña gris,
color de edad, austera,
infinita, cansada, poderosa.

PENHA BRAVA

Há uma penha brava
aqui, na costa,
o vento furibundo,
o sal do mar, a ira,
desde e desde sempre, agora
e ontem, e cada século
atacaram-na:
tem rugas,
cavernas,
gretas, figuras, degraus,
faces de granito
e rebenta o mar na rocha
amando-a,
rompe o beijo maligno,
relâmpagos de espuma,
brilho de lua raivosa.
É uma penha gris,
cor de idade, austera,
infinita, cansada, poderosa.

PASÓ POR AQUI

Qué compañero salutífero!
Da vueltas por el redondel
de mi república, y me parece
que ya se le caía la sonrisa
desde su tinglado, de su bicicleta,
o en la plaza taurina, planetaria,
más grande aún bajo la luz política,
y nada, nunca, siempre el impertérrito,
el intergérrimo y su dentadura.

Este otro con su verdad y la mía,
la verdad verdadera,
amarrada a un madero, a una amenaza,
buscando a quien pegarle en la cabeza
con la frágil nariz de la justicia.

Y así, a través de siglos, qué salud
este mi amigo en la verdad, y el otro
en otro redondel, y en la mentira.

Así aplaudo en el bien, con reticencia,
cierto pudor de pobre que va al circo
y tiene que volver de noche al pueblo
por los malos caminos de mi tierra.

PASSOU POR AQUI

Que companheiro saudável!
Dá voltas pelo picadeiro
de minha república, e me parece
que seu sorriso já caía
lá do tablado, da bicicleta,
ou na praça taurina, planetária,
maior ainda sob a luz política,
e nada, nunca, sempre o impertérrito.
o intergérrimo e sua dentadura.

Este outro com sua verdade e a minha,
a verdade verdadeira,
amarrada a um lenho, a uma ameaça,
buscando a quem acertar na cabeça
com o frágil nariz da justiça.

E assim, através de séculos, que saúde
este meu amigo na verdade, e o outro
em outro picadeiro, e na mentira.

Assim aplaudo e bem, com reticência,
certo pudor de pobre que vai ao circo
e tem que voltar de noite à aldeia
pelos maus caminhos de minha terra.

Y al otro, saludable y adversario,
frenético malvado, con su ruedo
sí, sí, de estupefactos roedores,
yo, sectario, condeno y destituyo.

Con quén, hermano de mañana,
con quién me quedarás, te quedaré?
Cuál de las dos mitades energúmenas
tendrá su monumento en el camino?

Hagámoslas juntarse a fuego y lágrimas,
que se reúnan de una vez por todas
y no molesten con tanta bondad
ni con tanta maldad: ya comprendimos
que nunca lograremos ser tan buenos,
ni alcanzaremos a ser tan perversos:
mucho cuidado con cambiar la vida
y quedarnos viviendo a un solo lado!

E ao outro, saudável e adversário,
frenético malvado, com seu círculo
sim, sim, de estupefatos roedores,
eu, sectário, condeno e destituo.

Com quem, irmão de manhã,
com quem me ficarás, te ficarei?
Qual das duas metades energúmenas
terá seu monumento no caminho?

Façamos com que se juntem a fogo e lágrimas,
que se reúnam de uma vez por todas
e não molestem com tanta bondade
nem com tanta maldade: já compreendemos
que nunca conseguiremos ser tão bons,
nem chegaremos a ser tão perversos:
muito cuidado com mudar a vida
e ficarmos vivendo de um só lado!

TRISTE CANCIÓN PARA ABURRIR A CUALQUIERA

Toda la noche me pasé la vida
sacando cuentas,
pero no de vacas,
pero no de libras,
pero no de francos,
pero no de dólares,
no, nada de eso.

Toda la vida me pasé la noche
sacando cuentas,
pero no de coches,
pero no de gatos,
pero no de amores,
no.

Toda la vida me pasé la luz
sacando cuentas,
pero no de libros,
pero no de perros,
pero no de cifras,
no.

Toda la luna me pasé la noche
sacando cuentas,
pero no de besos,

TRISTE CANÇÃO PARA CHATEAR QUALQUER UM

TODA NOITE passei a vida
fazendo contas,
mas não de vacas,
mas não de libras,
mas não de francos,
mas não de dólares,
não, nada disso.

Toda vida passei a noite
fazendo contas,
mas não de carros,
mas não de gatos,
mas não de amores,
não.

Toda vida passei a luz
fazendo contas,
mas não de livros,
mas não de cachorros,
mas não de cifras,
não.

Toda lua passei a noite
fazendo contas,
mas não de beijos,

pero no de novias,
pero no de camas,
no.

Toda la noche me pasé las olas
sacando cuentas,
pero no de botellas,
pero no de dientes,
pero no de copas,
no.

Toda la guerra me pasé la paz
sacando cuentas,
pero no de muertos,
pero no de flores,
no.

Toda la lluvia me pasé la tierra
haciendo cuentas,
pero no de caminos,
pero no de canciones,
no.

Toda la tierra me pasé la sombra
sacando cuentas,
pero no de cabellos,
no de arrugas,
no de cosas perdidas,
no.

mas não de noivas,
mas não de camas,
não.

Toda noite passei as ondas
fazendo contas,
mas não de garrafas,
mas não de dentes,
mas não de copos,
não.

Toda guerra passei a paz
fazendo contas,
mas não de mortos,
mas não de flores,
não.

Toda chuva passei a terra
fazendo contas,
mas não de caminhos,
mas não de canções,
não.

Toda terra passei a sombra
fazendo contas,
mas não de cabelos,
não de rugas,
não de coisas perdidas,
não.

Toda la muerte me pasé la vida
sacando cuentas:
pero de qué se trata
no me acuerdo,
no.

Toda la vida me pasé la muerte
sacando cuentas
y si salí perdiendo
o si salí ganando
yo no lo sé, la tierra
no lo sabe.

Etcétera.

Toda morte passei a vida
fazendo contas:
mas de que se trata
não me lembro,
não.

Toda vida passei a morte
fazendo contas
e se saí perdendo
ou se saí ganhando
não sei, a terra
não sabe.

Et cetera.

EL INCOMPETENTE

Nací tan malo para competir
que Pedro y Juan se lo llevaban todo:
las pelotas,
las chicas,
las aspirinas y los cigarrillos.

Es difícil la infancia para un tonto
y como yo fui
siempre más tonto que los otros tontos
me birlaron los lápices, las gomas
y los primeros besos de Temuco.

Ay, aquellas muchachas!
Nunca vi unas princesas como ellas,
eran todas azules o enlutadas,
claras como cebollas, como el nácar,
manos de precisión, narices puras,
ojos insoportables de caballo,
pies como peces o como azucenas.

Lo cierto es que yo anduve
esmirriado y cubriendo con orgulho
mi condición de enamorado idiota,
sin atreverme a mirar una pierna
ni aquel pelo detrás de la cabeza

O INCOMPETENTE

Nasci tão mau para competir
que Pedro e Juan ganhavam tudo:
as bolas,
as garotas,
as aspirinas e os cigarros.

É difícil a infância para um tonto
e como eu fui
sempre mais tonto que os outros tontos
me surrupiaram os lápis, as borrachas
e os primeiros beijos de Temuco.

Ah, aquelas moças!
Nunca vi princesas como elas,
eram todas azuis ou enlutadas,
claras como cebolas, como o nácar,
mãos de precisão, narizes puros,
olhos insuportáveis de cavalo,
pés como peixes ou como açucenas.

O certo é que andei
mirrado e escondendo com orgulho
minha condição de apaixonado idiota,
sem atrever-me a olhar uma perna
nem aquele cabelo atrás da cabeça

que caía como una catarata
de aguas oscuras sobre mis deseos.

Después, señores, me pasó lo mismo
por todos los caminos donde anduve,
de un codazo o con dos ojos fríos
me eliminaban de la competencia,
no me dejaban ir al comedor,
todos se iban de largo con sus rubias.

Y yo no sirvo para rebelarme.

Esto de andar luciendo
méritos o medallas escondidas,
nobles acciones, títulos secretos,
no va con mi pasmada idiosincrasia:
yo me hundo en mi agujero
y de cada empujón que me propinan
retrocediendo en la zoología
me fui como los topos, tierra abajo,
buscando un subterráneo confortable
donde no me visiten ni las moscas.

Ésa es mi triste historia
aunque posiblemente menos triste
que la suya, señor,
ya que también posiblemente pienso
pienso que usted es aun más tonto todavía.

que caía como uma catarata
de águas escuras sobre meus desejos.

Depois, senhores, aconteceu-me o mesmo
por todos os caminhos onde andei,
com uma cotovelada ou dois olhos frios
eliminavam-me da competição,
não me deixavam ir à sala de jantar,
todos iam embora com suas louras.

E eu não sirvo para rebelar-me.

Isso de andar ostentando
méritos ou medalhas escondidas,
nobres ações, títulos secretos,
não vai com minha pasmada idiossincrasia:
eu me afundo em meu agulheiro
e a cada empurrão que me concedem
retrocedendo na zoologia
fui, como as toupeiras, por terra abaixo,
buscando um subterrâneo confortável
onde nem as moscas me visitem.

Essa é minha triste história
embora possivelmente menos triste
que a sua, senhor,
já que também possivelmente penso
penso que é ainda mais tonto.

ORÉGANO

Cuando aprendí con lentitud
a hablar
creo que ya aprendí la incoherencia:
no me entendía nadie, ni yo mismo,
y odié aquellas palabras
que me volvían siempre
al mismo pozo,
al pozo de mi ser aún oscuro,
aún traspasado de mi nacimiento,
hasta que me encontré sobre un andén
o en un campo recién estrenado
una palabra: *orégano*,
palabra que me desenredó
como sacándome de un laberinto.

No quise aprender más palabra alguna.

Quemé los diccionarios,
me encerré en esas sílabas cantoras,
retrospectivas, mágicas, silvestres,
y a todo grito por la orilla
de los ríos,
entre las afiladas espadañas
o en el cemento de la ciudadela,
en minas, oficinas y velorios,

ORÉGANO

Quando aprendi com lentidão
a falar
creio que já aprendi a incoerência:
ninguém me entendia, nem eu mesmo,
e odiei aquelas palavras
que me retornavam sempre
ao mesmo poço,
ao poço de meu ser ainda escuro,
ainda transpassado do meu nascimento,
até que me encontrei numa plataforma
ou num campo recém-estreado
uma palavra: *orégano*,
palavra que me desenredou
como que me tirando de um labirinto.

Não quis aprender mais nenhuma palavra.

Queimei os dicionários,
encerrei-me nessas sílabas cantoras,
retrospectivas, mágicas, silvestres,
e a todo grito pela beira
dos rios,
entre as tábuas afiladas,
ou no cimento da cidadela,
em minas, oficinas e velórios,

yo masticaba mi palabra *orégano*
y era como si fuera una paloma
la que soltaba entre los ignorantes.

Qué olor a corazón temible,
qué olor a violetario verdadero,
y qué forma de párpado
para dormir cerrando los ojos:
la noche tiene *orégano*
y otras veces haciéndose revólver
me acompañó a pasear entre las fieras:
esa palabra defendió mis versos.

Un tarascón, unos colmillos (iban
sin duda a destrozarme
los jabalíes y los cocodrilos):
entonces
saqué de mi bolsillo
mi estimable palabra:
orégano, grité con alegría,
blandiéndola en mi mano temblorosa.

Oh milagro, las fieras asustadas
me pidieron perdón y me pidieron
humildemente *orégano*.

Oh lepidóptero entre las palabras,
oh palabra helicóptero,

eu mastigava minha palavra *orégano*
e era como se fosse uma pomba
que eu soltava entre os ignorantes.

Que cheiro de coração temível,
que cheiro de violetário verdadeiro,
e que forma de pálpebra
para dormir fechando os olhos:
a noite tem *orégano*
e outras vezes, fazendo-se revólver
acompanhou-me passeando entre as feras:
essa palavra defendeu meus versos.

Uma mordida, uns caninos (iam
sem dúvida destroçar-me
os javalis e os crocodilos):
então
tirei do bolso
minha estimável palavra:
orégano, gritei com alegria,
brandindo-a em minha mão trêmula.

Oh, milagre, as feras assustadas
pediram-me perdão e me pediram
humildemente *orégano*.

Oh, lepidóptero entre as palavras,
oh palavra helicóptero,

purísima y preñada
como una aparición sacerdotal
y cargada de aroma,
territorial como un leopardo negro,
fosforescente orégano
que me sirvió para no hablar con nadie,
y para aclarar mi destino
renunciando al alarde del discurso
con un secreto idioma, el del orégano.

puríssima e prenhe
como uma aparição sacerdotal
e carregada de aroma,
telúrica como um leopardo negro,
fosforescente orégano
que me serviu para não falar com ninguém,
e para aclarar meu destino
renunciando ao alarde do discurso
com um secreto idioma, o do orégano.

LOS QUE ME ESPERAN EN MILÁN

Los que me esperan em Milán
están muy lejos de la niebla
no son los que están y son ellos
además de otros que me esperan.
Seguramente no llegaron
porque tienen piernas de piedra
y están en círculo esperando
a la entrada de las iglesias,
alas gastadas que no vuelan
narices rotas hace tiempo.

No saben estos que me esperan
que yo hacia ellos voy bajando
desde las nubes y las dudas.

Los santos ensimismados
las venus de narices rotas
los atrabiliarios reptiles
que se enroscan y se engargolan.
Las serpientes del Paraíso
y los profetas aburridos
llegan temprano a sus pórticos
para esperarme con decoro.

OS QUE ME ESPERAM EM MILÃO

Os que me esperam em Milão
estão muito longe da névoa
não são os que estão e são eles
além de outros que me esperam.
Certamente não chegaram
porque têm pernas de pedra
e estão em círculo esperando
na entrada das igrejas,
asas gastas que não voam
narizes quebrados já faz tempo.

Não sabem estes que me esperam
que rumo a eles vou descendo
desde as nuvens e as dúvidas.

Os santos ensimesmados
as vênus de narizes quebrados
os atrabiliários répteis
que se enroscam e se encaixam.
As serpentes do Paraíso
e os profetas aborrecidos
chegam cedo a seus pórticos
para esperar-me com decoro.

PARODIA DEL GUERRERO

Y QUÉ HACEN allá abajo?
Parece que andan todos ocupados,
hirviendo en sus negocios.

Allá abajo, allá abajo
allá lejos,
andan tal vez estrepitosamente
de aquí no se ve mucho,
no les veo las bocas,
no les veo
detalles, sonrisas
o zapatos derrotados.
Pero, por qué no vienen?
Dónde van a meterse?

Aquí estoy, aquí estoy,
soy el campeón mental de ski, de box,
de carrera pesada,
de alas negras,
soy el verdugo,
soy el sacerdote,
soy el más general de las batallas,
no me dejen,
no, por ningún motivo,
no se vayan,

PARÓDIA DO GUERREIRO

E QUE FAZEM lá embaixo?
Parece que andam todos ocupados
fervendo em seus negócios.

La embaixo, lá embaixo
lá longe,
andam talvez estrepitosamente
daqui não se vê muito,
não lhes vejo as bocas,
não lhes vejo
detalhes, sorrisos
ou sapatos derrotados.
Mas, por que não vêm?
Onde vão se meter?

Aqui estou, aqui estou,
sou o campeão mental de esqui, de boxe,
de corrida de fundo,
de asas negras,
sou o verdugo,
sou o sacerdote,
sou o maior general das batalhas,
não me deixem,
não, por nenhum motivo,
não se vão,

aquí tengo un reloj,
tengo una bala,
tengo un proyecto de guerrilla bancaria,
soy capaz de todo,
soy padre de todos ustedes,
hijos malditos:
qué pasa,
me olvidaron?

Desde aquí arriba los veo:
qué torpes son sin mis pies,
sin mis consejos,
qué mal se mueven en el pavimento,
no saben nada del sol,
no conocen la pólvora,
tienen que aprender a ser niños,
a comer, a invadir,
a subir las montañas,
a organizar los cuadernos,
a matarse las pulgas,
a descifrar el territorio,
a descubrir las islas.

Ha terminado todo.

Se han ido por sus calles a sus guerras,
a sus indiferencias, a sus camas.
Yo me quedé pegado

aqui tenho um relógio,
tenho uma bala,
tenho um projeto de guerrilha bancária,
sou capaz de tudo,
sou pai de todos vocês,
filhos malditos,
que acontece,
me esqueceram?

Daqui de cima eu os vejo:
que lentos são sem meus pés,
sem meus conselhos,
como mal se movem no pavimento,
não sabem nada do sol,
não conhecem a pólvora,
têm que aprender a ser crianças,
a comer, a invadir,
a subir as montanhas,
a organizar os cadernos,
a matar as pulgas,
a decifrar o território,
a descobrir as ilhas.

Tudo se acabou.

Foram por suas ruas para suas guerras,
suas indiferenças, suas camas.
Eu permaneci agarrado

entre los dientes de la soledad
como un pedazo de carne mascada,
como el hueso anterior
de una bestia extinguida.

No hay derecho! Reclamo
mi dirección zonal, mis oficinas,
el rango que alcancé en el regimiento,
en la cancha de los peloteros,
y no me resigno a la sombra.

Tengo sed, apetito de la luz,
y sólo trago sombra.

entre os dentes da solidão
como um pedaço de carne mascada
como o osso anterior
de um animal extinto.

Não há direito! Reclamo
meu endereço zonal, minhas oficinas,
o posto que atingi no regimento,
no campo dos peloteiros,
e não me resigno à sombra.

Tenho sede, apetite da luz,
e só trago sombra.

OTRO CASTILLO

No soy, no soy el ígneo,
estoy hecho de ropa, reumatismo,
papeles rotos, citas olvidadas,
pobres signos rupestres
en lo que fueron piedras orgullosas.

En qué quedó el castillo de la lluvia,
la adolescencia con sus tristes sueños
y aquel propósito entreabierto
de ave extendida, de águila en el cielo,
de fuego heráldico?

No soy, no soy el rayo
de fuego azul, clavado como lanza
en cualquier corazón sin amargura.

La vida no es la punta de un cuchillo,
no es un golpe de estrella,
sino un gastarse adentro de un vestuario,
un zapato mil veces repetido,
una medalla que se va oxidando
adentro de una caja oscura, oscura.

No pido nueva rosa ni dolores,
ni indiferencia es lo que me consume,

OUTRO CASTELO

Não sou, não sou o ígneo,
sou feito de roupa, reumatismo,
papéis rasgados, encontros esquecidos,
pobres signos rupestres
no que foram pedras orgulhosas.

No que ficou o castelo da chuva,
a adolescência com seus tristes sonhos
e aquele propósito entreaberto
de ave estendida, de águia no céu,
de fogo heráldico?

Não sou, não sou o raio
de fogo azul, cravado como lança
em qualquer coração sem amargura.

A vida não é a ponta de um punhal,
não é um golpe de estrela,
mas um gastar-se dentro de um vestuário,
um sapato mil vezes repetido,
uma medalha que se vai oxidando
dentro de uma caixa escura, escura.

Não peço nova rosa nem dores,
nem indiferença é o que me consome,

sino que cada signo se escribió,
la sal y el viento borran la escritura
y el alma ahora es un tambor callado
a la orilla de un río, de aquel río
que estaba allí y allí seguirá siendo.

mas cada signo que se escreveu,
o sal e o vento borram a escrita
e a alma agora é um tambor calado
à margem de um rio, daquele rio
que estava ali e ali continuará sendo.

EL GRAN ORINADOR

El gran orinador era amarillo
y el chorro que cayó
era una lluvia color de bronce
sobre las cúpulas de las iglesias,
sobre los techos de los automóviles,
sobre las fábricas y los cementerios,
sobre la multitud y sus jardines.

Quién era, dónde estaba?

Era una densidad, líquido espeso
lo que caía
como desde un caballo
y asustados transeúntes
sin paraguas
buscaban hacia el cielo,
mientras las avenidas se anegaban
y por debajo de las puertas
entraban los orines incansables
que iban llenando acequias, corrompiendo
pisos de mármol, alfombras,
escaleras.

Nada se divisaba.
Dónde estaba el peligro?

O GRANDE URINADOR

O GRANDE URINADOR era amarelo
e o jorro que caiu
era uma chuva cor de bronze
sobre as cúpulas das igrejas,
sobre o teto dos automóveis,
sobre as fábricas e os cemitérios,
sobre a multidão e seus jardins.

Quem era, onde estava?

Era uma densidade, líquido espesso
e que caía
como de um cavalo
e assustados transeuntes
sem guarda-chuvas
buscavam lá no céu,
enquanto as avenidas se inundavam
e por baixo das portas
entravam as urinas incansáveis
que iam enchendo canais, corrompendo
pisos de mármore, tapetes,
escadas.

Nada se divisava.
Onde estava o perigo?

Qué iba a pasar en el mundo?

El gran orinador desde su altura
callaba y orinaba.

Qué quiere decir esto?

Soy un simple poeta,
no tengo empeño en descifrar enigmas,
ni en proponer paraguas especiales.

Hasta luego! Saludo y me retiro
a un país donde no me hagan preguntas.

Que ia acontecer no mundo?

O grande urinador de suas alturas
calava e urinava.

Que quer dizer isto?

Sou um simples poeta,
não tenho empenho em decifrar enigmas,
nem em propor guarda-chuvas especiais.

Até logo! Cumprimento e me retiro
para um país onde não me façam perguntas.

MUERTE Y PERSECUCIÓN DE LOS GORRIONES

Yo estaba en China
por aquellos días
cuando Mao Tse-Tung, sin entusiasmo,
decretó el inmediato
fallecimiento de todos los gorriones.

Con la misma admirable
disciplina
con que se construyó la gran muralla
la multichina se miltiplicó
y cada chino buscó al enemigo.

Los niños, los soldados, los astrónomos,
las niñas, las soldadas, las astrónomas,
los aviadores, los sepultureros,
los cocineros chinos, los poetas,
los inventores de la pólvora, los
campesinos del arroz sagrado,
los inventores de juguetes, los
políticos de sonrisa china,
todos se dirigieron
al gorrión
y éste cayó con millonaria muerte
hasta que el último, un gorrión supremo,
fue fusilado por Mao Tse-Tung.

MORTE E PERSEGUIÇÃO DOS PARDAIS

Eu estava na China
naqueles dias,
quando Mao Tsé-Tung, sem entusiasmo,
decretou o imediato
falecimento de todos os pardais.

Com a mesma admirável
disciplina
com que se construiu a grande muralha
a multichina se multiplicou
e cada chinês procurou o inimigo.

Os meninos, os soldados, os astrônomos,
as meninas, as soldadas, as astrônomas,
os aviadores, os coveiros,
os cozinheiros chineses, os poetas,
os inventores da pólvora, os
camponeses do arroz sagrado,
os inventores de brinquedos, os
políticos de sorriso chinês,
todos se dirigiram
ao pardal
e este caiu com milionária morte
até que o último, um pardal supremo,
foi fuzilado por Mao Tsé-Tung.

Con admirable disciplina entonces
cada chino partió con un gorrión,
con un triste, pequeño cadáver de gorrión
en el bolsillo,
cada uno
de setecientos treinta
millones de
ciudadanos chinos
con un gorrión en
cada uno
de setecientos treinta
millones de bolsillos,
todos marcharon entonando antiguos
himnos de gloria y guerra
a enterrar allá lejos,
en las montañas de la Luna Verde
uno por uno los gorriones muertos.

Durante diecisiete años seguidos
cada uno en pequeño mausoleo,
osario individual, tumba florida
o rápida huesera colectiva
uno por uno sucesivamente
quedaron sepultados
enteramente los gorriones chinos.

Pero pasó algo extraño.
Cuando se fueron los enterradores

Com admirável disciplina então
cada chinês partiu com um pardal,
com um triste, pequeno cadáver de pardal
no bolso,
cada um
de setecentos e trinta
milhões de
cidadãos chineses
com um pardal em
cada um
de setecentos e trinta
milhões de bolsos,
todos marcharam entoando antigos
hinos de glória e guerra
para enterrar lá longe,
nas montanhas da Lua Verde
um por um os pardais mortos.

Durante dezessete anos seguidos
cada um em pequeno mausoléu,
ossário individual, tumba florida
ou rápido cemitério coletivo
um por um sucessivamente
ficaram sepultados
completamente os pardais chineses.

Mas aconteceu algo estranho.
Quando se foram os enterradores

cantaron los pequeños enterrados:
un trueno de gorriones
pasó tronando por la tierra china:
la voz de una trompeta planetaria.

Y aquella voz despertó a los mortales,
a los antiguos muertos,
a los siglos de chinos enterrados.

Volvieron a sus vidas
a sus arados, a su economía.
No hago reproches. Déjenme tranquilo.

Pero así queda en claro
por qué hay más chinos y menos gorriones
cada día en el mundo.

cantaram os pequenos enterrados:
um trovão de pardais
passou trovejando pela terra chinesa:
a voz de uma trombeta planetária.

E aquela voz despertou os mortais,
os antigos mortos,
os séculos de chineses enterrados.

Voltaram às suas vidas
aos seus arados, à sua economia.
Não faço censuras. Deixem-me tranquilo.

Mas assim fica bem claro
porque há mais chineses e menos pardais
a cada dia no mundo.

PASEANDO CON LAFORGUE

Diré de esta manera, yo, nosotros,
superficiales, mal vestidos de profundos,
por qué nunca quisimos ir del brazo
con este tierno Julio, muerto sin compañía?
Con un purísimo superficial
que tal vez pudo enseñarnos la vida a su manera,
la luna a su manera,
sin la aspereza hostil del derrotado?

Por qué no acompañamos su violín
que deshojó el otoño de papel de su tiempo
para uso exclusivo de cualquiera,
de todo el mundo, como debe ser?

Adolescentes éramos, tontos enamorados
del áspero tenor de Sils-María,
ése sí nos gustaba,
la irreductible soledad a contrapelo,
la cima de los pájaros águilas
que sólo sirven para las monedas,
emperadores, pájaros destinados
al embalsamamiento y los blasones.

Adolescentes de pensiones sórdidas,
nutridos de incesantes spaghettis,

PASSEANDO COM LAFORGUE

Direi desta maneira, eu, nós,
superficiais, mal-vestidos de profundidades,
por que nunca quisemos ir de braço dado
com este terno Julio, morto sem companhia?
Com um puríssimo superficial
que talvez pudesse ensinar-nos a vida à sua maneira,
a luz à sua maneira,
sem a aspereza hostil do derrotado?

Por que não acompanhamos seu violino
que desfolhou o outono de papel de seu tempo
para uso exclusivo de qualquer um,
de todo o mundo, como deve ser?

Adolescentes éramos, tontos enamorados
do áspero tenor de Sils-María,
esse sim nos agradava,
a irredutível solidão a contracorrente
o extremo dos pássaros águias
que só servem para as moedas,
imperadores, pássaros destinados
ao embalsamento e aos brasões.

Adolescentes de pensões sórdidas,
nutridos com incessantes espaguetes,

migas de pan en los bolsillos rotos,
migas de Nietzsche en las pobres cabezas:
sin nosotros se resolvía todo,
las calles y las casas y el amor:
fingíamos amar la soledad
como los presidiarios su condena.

Hoy ya demasiado tarde volví a verte,
Jules Laforgue,
gentil amigo, caballero triste,
burlándote de todo cuanto eras,
solo en el parque de la Emperatriz
con tu luna portátil
– la condecoración que te imponías –
tan correcto con el atardecer,
tan compañero con la melancolía,
tan generoso con el vasto mundo
que apenas alcanzaste a digerir.

Porque con tu sonrisa agonizante
llegaste tarde, suave joven bien vestido,
a consolarnos de nuestras pobres vidas
cuando ya te casabas con la muerte.

Ay cuánto uno perdió con el desdén
en nuestra juventud menospreciante
que sólo amó la tempestad, la furia,
cuando el *frufrú* que tú nos descubriste

migalhas de pão nos bolsos rasgados,
migalhas de Nietzsche nas pobres cabeças:
sem nós se resolvia tudo,
as ruas, as casas e o amor:
fingíamos amar a solidão
como os presidiários sua pena.

Hoje já tarde demais voltei a ver-te,
Jules Laforgue,
gentil amigo, cavalheiro triste,
divertindo-se com tudo quanto eras,
só no parque da Imperatriz
com tua lua portátil
– a condecoração que te impunhas –
tão correto com o entardecer,
tão solidário com a melancolia,
tão generoso com o vasto mundo
que mal conseguiste digerir.

Porque com teu sorriso agonizante
chegaste tarde, suave jovem bem vestido,
para consolar-nos de nossas pobres vidas
quando já te casavas com a morte.

Ai, quanto se perdeu com o desdém
em nossa juventude menosprezante
que só amou a tempestade, a fúria,
quando o *frufru* que nos descobriste

o el solo de astro que nos enseñaste
fueron una verdad que no aprendimos:
la belleza del mundo que perdías
para que la heredáramos nosotros:
la noble cifra que no desciframos:
tu juventud mortal que quería enseñarnos
golpeando la ventana con una hoja amarilla:
tu lección de adorable profesor,
de compañero puro
tan reticente como agonizante.

ou o solo de astro que nos ensinaste
foram uma verdade que não aprendemos:
a beleza do mundo que perdias
para que nós a herdássemos:
a nobre cifra que não deciframos:
tua juventude mortal que queria nos ensinar
batendo na janela com uma folha amarela:
tua lição de adorável professor,
de companheiro puro
tão reticente quanto agonizante.

2000

I
LAS MÁSCARAS

PIEDAD PARA estos siglos y sus sobrevivientes
alegres o maltrechos, lo que no hicimos
fue por culpa de nadie, faltó acero:
lo gastamos en tanta inútil destrucción,
no importa en el balance nada de esto:
los anos padecieron de pústulas y guerras,
años desfallecientes cuando tembló la esperanza
en el fondo de las botellas enemigas.
Muy bien, hablaremos alguna vez, algunas veces,
con una golondrina para que nadie escuche:
tengo vergüenza, tenemos el pudor de los viudos:
se murió la verdad y se pudrió en tantas fosas:
es mejor recordar lo que va a suceder:
en este año nupcial no hay derrotados:
pongámonos cada uno máscaras victoriosas.

I
AS MÁSCARAS

Piedade para estes séculos e seus sobreviventes
alegres ou maltratados, o que não fizemos
foi por culpa de ninguém, faltou aço:
nós o gastamos em tanta inútil destruição,
não importa no balanço nada disto:
os anos padeceram de pústulas e guerras,
anos desfalecentes quando tremeu a esperança
no fundo das garrafas inimigas.
Muito bem, falaremos alguma vez, algumas vezes,
com uma andorinha para que ninguém escute:
tenho vergonha, temos o pudor dos viúvos:
morreu a verdade e apodreceu em tantas fossas:
é melhor recordar o que vai acontecer:
neste ano nupcial não há derrotados:
coloquemo-nos, cada um, máscaras vitoriosas.

II
LAS INVENCIONES

Ves este pequeño objeto trisilábico?
Es un cilindro subalterno de la felicidad
y manejado, ahora, por organismos coherentes
desde control remoto, estoy, estad seguros
de una eficacia tan resplandeciente
que maduran las uvas a su presión ignota
y el trigo a pleno campo se convierte en pan,
las yeguas dan a luz cabellos bermellones
que galopan el aire sin previo aviso,
grandes industrias se mueven como escolopendras
dejando ruedas y relojes en los sitios inhabitados:
Señores, adquirid mi producto terciario
sin mezcla de algodón ni de sustancias lácteas:
os concedo un botón para cambiar el mundo:
adquirid el trifásico antes de arrepentirme!

II
AS INVENÇÕES

VÊS ESTE pequeno objeto trissilábico?
É um cilindro subalterno da felicidade
e manejado, agora, por organismos coerentes
por controle remoto, estou, estais seguros
de uma eficácia tão resplandecente
que amadurecem as uvas em sua pressão ignota
e o trigo em pleno campo se converte em pão,
as águas dão à luz cavalos vermelhões
que galopam o ar sem prévio aviso,
grandes indústrias se movem como centopeias
deixando rodas e relógios nos lugares desabitados:
Senhores, adquiri meu produto terciário
sem mescla de algodão nem de substâncias lácteas:
concedo-vos um botão para mudar o mundo:
adquiri o trifásico antes que me arrependa!

III
LAS ESPIGAS

El sin cesar ha terminado en flores,
en largo tiempo que extiende su camino
en cinta, en la novedad del aire,
y si por fin hallamos bajo el polvo
el mecanismo del próximo futuro
simplemente reconozcamos la alegría
así como se presenta! Como una espiga más,
de tal manera que el olvido contribuya
a la claridad verdadera que sin duda no
      existe.

III
AS ESPIGAS

O SEM CESSAR terminou em flores,
em longo tempo que estende seu caminho
em fita, na novidade do ar,
e se por fim achamos sob o pó
o mecanismo do próximo futuro
simplesmente reconheçamos a alegria
tal como se apresenta! Como uma espiga mais,
de maneira assim que o esquecimento contribua
para a claridade verdadeira que sem dúvida não
      existe.

IV
LA TIERRA

Amarillo, amarillo sigue siendo
el perro que detrás del otoño circula
haciendo entre las hojas circunferencias de oro,
ladrando hacia los días desconocidos.
Así veréis lo imprevisto de ciertas situaciones:
junto al explorador de las terribles fronteras
que abren el infinito, he aquí el predilecto,
el animal perdido del otoño.
Qué puede cambiar de tierra a tiempo, de sabor a
    estribor,
de luz velocidad a circunstancia terrestre?
Quién adivinará la semilla en la sombra
si como cabelleras las mismas arboledas
dejan caer rocío sobre las mismas herraduras,
sobre las cabezas que reúne el amor,
sobre las cenizas de corazones muertos?
Este mismo planeta, la alfombra de mil años,
puede florecer pero no acepta la muerte ni el
    reposo:
las cíclicas cerraduras de la fertilidad
se abren en cada primavera para las llaves del sol
y resuenan los frutos haciéndose cascada,
sube y baja el fulgor de la tierra a la boca
y el humano agradece la bondad de su reino.

IV
A TERRA

AMARELO, AMARELO continua sendo
o cachorro que por trás do outono circula
fazendo entre as folhas circunferências de ouro,
ladrando para os dias desconhecidos.
Assim vereis o imprevisto de certas situações:
junto ao explorador das terríveis fronteiras
que abrem o infinito, eis aqui o predileto,
o animal perdido do outono.
O que pode mudar de terra a tempo, de sabor a
    estibordo,
de luz velocidade a circunstância terrestre?
Quem adivinhará a semente na sombra
se como cabeleiras as mesmas frondes
deixam cair orvalho sobre as mesmas ferraduras,
sobre as cabeças que o amor reúne,
sobre as cinzas de corações mortos?
Este mesmo planeta, o tapete de mil anos,
pode florescer mas não aceita a morte nem o
    repouso:
as cíclicas fechaduras da fertilidade
se abrem em cada primavera para as chaves do sol
e ressoam os frutos fazendo-se cascata,
sobe e desce o fulgor da terra para a boca
e o humano agradece a bondade de seu reino.

Alabada sea la vieja tierra color de excremento,
sus cavidades, sus ovarios sacrosantos,
las bodegas de la sabiduría que encerraron
cobre, petróleo, imanes, ferreterías, pureza,
el relámpago que parecía bajar desde el infierno
fue atesorado por la antigua madre de las raíces
y cada día salió el pan a saludarnos
sin importarle la sangre y la muerte que vestimos
      los hombres,
la maldita progenie que hace la luz del mundo.

Louvada seja a velha terra cor de excremento,
suas cavidades, seus ovários sacrossantos,
as adegas da sabedoria que encerraram
cobre, petróleo, ímãs, ferragens, pureza,
o relâmpago que parecia descer desde o inferno
foi entesourado pela antiga mãe das raízes
e cada dia saiu o pão para nos saudar
sem se importar com o sangue e a morte que nós
      homens vestimos,
a maldita progênie que faz a luz do mundo.

V
LOS INVITADOS

Y NOSOTROS LOS muertos, los escalonados en el tiempo,
sembrados en cementerios utilitarios y arrogantes
o caídos en hueseras de pobres bolivianos,
nosotros, los muertos de 1925, 26,
33, 1940, 1918, mil novecientos cinco,
mil novecientos mil, en fin, nosotros,
los fallecidos antes de esta estúpida cifra
en que ya no vivimos, qué pasa con nosotros?

Yo, Pedro Páramo, Pedro Semilla, Pedro
　　　　Nadie,
es que no tuve derecho a cuatro números y a la
　　　　resurrección?
Yo quiero ver a los resurrectos para escupirles la
　　　　cara,
a los adelantados que están a punto de caer
en aviones, ferrocarriles, en las guerras del odio,
los que apenas tuvieron tiempo de nacer y presentar
armas al nuevo siglo y quedarán tronchados,
pudriéndose en la mitad de los festejos y del vino!

Quiero salir de mi tumba, yo muerto, por qué no?

Por qué los prematuros van a ser olvidados?
Todos son invitados al convite!

V
OS CONVIDADOS

E NÓS OS mortos, os escalonados no tempo,
semeados em cemitérios utilitários e arrogantes
ou caídos em ossários de pobres bolivianos,
nós, os mortos de 1925, 26,
33, 1940, 1918, mil novecentos e cinco,
mil novecentos e mil, enfim, nós,
os falecidos antes desta estúpida cifra
em que já não vivemos, que acontece conosco?

Eu, Pedro Páramo, Pedro Semente, Pedro
      Ninguém,
não tive direito a quatro números e à
      ressurreição?
Quero ver os ressuscitados para cuspir-lhes na
      cara,
os precoces que estão a ponto de cair
em aviões, bondes, nas guerras do ódio,
os que apenas tiveram tempo de nascer e apresentar
armas ao novo século e ficaram derrubados,
apodrecendo na metade dos festejos e do vinho!

Quero sair de minha tumba, eu morto, por que não?

Por que os prematuros vão ser esquecidos?
Todos são convidados à reunião!

Es un año más, es un siglo más, con muertos y
 vivos,
y hay que cuidar el protocolo, poner no sólo la
 vida,
sino las flores secas, las coronas podridas,
 el silencio,
porque el silencio tiene derecho a la hermosura
y nosotros, diputados de la muerte,
queremos existir un solo minuto florido
cuando se abran las puertas del honor venidero!

É um ano mais, é um século mais, com mortos e vivos,
e tem-se que cuidar do protocolo, por não só a vida,
mas também as flores secas, as coroas apodrecidas, o silêncio,
porque o silêncio tem direito à formosura
e nós, indicados da morte,
queremos existir um só minuto florido
quando se abrirem as portas da honra vindoura!

VI
LOS HOMBRES

Yo soy Ramón González Barbagelata, de cualquier
 parte,
de Cucuy, de Paraná, de Río Turbio, de Oruro,
de Maracaibo, de Parral, de Ovalle, de Loncomilla,
tanto da, soy el pobre diablo del pobre Tercer
 Mundo,
el pasajero de tercera instalado, Jesús!,
en la lujosa blancura de las cordilleras nevadas,
disimulado entre las orquídeas de fina
 idiosincrasia.

He llegado a este mentado año 2000, y qué saco,
con qué me rasco, qué tengo yo que ver
con los tres ceros que se ostentan gloriosos
sobre mi propio cero, sobre mi inexistencia?
Ay de aquel corazón que esperó su bandera
o del hombre enramado por el amor más tierno,
hoy no queda sino mi vago esqueleto,
mis ojos desquiciados frente al tiempo inicial.

Tiempo inicial: son estos barracones perdidos,
estas pobres escuelas, estos aún harapos,
esta inseguridad terrosa de mis pobres familias,
esto es el día, el siglo inicial, la puerta de oro?

VI
OS HOMENS

Eu sou Ramón Gonzáles Barbagelata, de qualquer
    parte,
de Cucuy, de Paraná, de Rio Turbio, de Oruro,
de Maracaibo, de Parrai, de Ovalle, de Loncomilla,
tanto faz, sou o pobre diabo do pobre Terceiro
    Mundo,
o passageiro de terceira instalado, Jesus!,
na luxuosa brancura das cordilheiras nevadas,
dissimulado entre as orquídeas de fina
    idiossincrasia.

Cheguei a este famoso ano 2000, e que ganho,
o que me adianta, o que tenho a ver
com os três zeros que se ostentam gloriosos
sobre meu próprio zero, sobre minha inexistência?
Ai daquele coração que esperou sua bandeira
ou do homem enredado pelo amor mais terno,
hoje não resta nada além do meu vago esqueleto,
meus olhos arruinados diante do tempo inicial.

Tempo inicial: são estes barracões perdidos,
estas pobres escolas, estes ainda farrapos,
esta insegurança terrosa de minhas pobres famílias,
este é o dia, o século inicial, a porta de ouro?

Yo, por lo menos, sin hablar de más, vamos, callado
como fui en la oficina, remendado y absorto,
proclamo lo superfluo de la inauguración:
aquí llegué con todo lo que anduvo conmigo,
la mala suerte y los peores empleos,
la miseria esperando siempre de par en par,
la movilización de la gente hacinada
y la geografía numerosa del hambre.

Eu, pelo menos, sem falar de mais, quieto,
como fui na fábrica, remendado e absorto,
proclamo o supérfluo da inauguração:
aqui cheguei com tudo que andou comigo,
a má sorte e os piores empregos,
a miséria esperando sempre de par em par,
a mobilização da gente amontoada
e a geografia numerosa da fome.

VII
LOS OTROS HOMBRES

EN CAMBIO YO, pecador pescador,
ex vanguardero ya pasado de moda,
de aquellos años muertos y remotos
hoy estoy a la entrada del milenio,
anarcopitalista furibundo,
dispuesto a dos carrillos a morder
la manzana del mundo.
Edad más floreciente mi Florencia
conoció, más florida que Florida,
más Paraíso que Valparaíso.
Yo respiro a mis anchas
en el jardín bancario de este siglo
que es por fin una gran cuenta corriente
en que por suerte soy acreedor.
Gracias a la inversión y subversión
haremos más higiénica esta edad,
ninguna guerra colonial tendrá este nombre
tan desacreditado y repetido,
la democracia pulverizadora
se hará cargo del nuevo diccionario:
es bello este 2000 igual al 1000:
los tres ceros iguales nos resguardan
de toda insurrección innecesaria.

VII
OS OUTROS HOMENS

EM TROCA EU, pecador pescador,
ex-vanguardista já passado de moda,
daqueles anos mortos e remotos
hoje estou à entrada do milênio,
anarcopitalista furibundo,
disposto com as duas bochechas a morder
a maçã do mundo.
Idade mais florescente nem Florença
conheceu, mais florida que Florida,
mais Paraíso que Valparaíso.
Respiro a plenos pulmões
no jardim bancário deste século
que é por fim uma grande conta corrente
em que por sorte sou credor.
Graças à inversão e à subversão
faremos mais higiênica esta idade,
nenhuma guerra colonial terá esse nome
tão desacreditado e repetido,
a democracia pulverizadora
tomará a cargo o novo dicionário:
é belo este 2000 igual ao 1000:
os três zeros iguais nos resguardam
de toda insurreição desnecessária.

VIII
LOS MATERIALES

El mundo se llenó de sinembargos,
de infundados temores y dolor,
pero hay que reconocer que sobre el pan salobre
o junto a tal o cual iniquidad
los vegetales, cuando no fueron quemados,
siguieron floreciendo y repartiendo
y continuaron su trabajo verde.

No hay duda que la tierra
entregó a duras penas otras cosas
de su baúl que parecía eterno:
muere el cobre, solloza el manganeso,
el petróleo es un último estertor,
el hierro se despide del carbón,
el carbón ya cerró sus cavidades.

Ahora este siglo debe asesinar
con otras máquinas de guerra, vamos
a inaugurar la muerte de otro modo,
movilizar la sangre en otras naves.

VIII
OS MATERIAIS

O MUNDO SE encheu de entretantos,
de infundados temores e dor,
mas tem-se de reconhecer que sobre o pão salobro
ou junto de tal ou qual iniquidade
os vegetais, quando não foram queimados,
continuaram florescendo e repartindo
e continuaram seu trabalho verde.

Não há dúvida que a terra
entregou a duras penas outras coisas
de seu baú que parecia eterno:
morre o cobre, soluça o manganês,
o petróleo é um último estertor,
o ferro se despede do carvão,
o carvão já fechou suas cavidades.

Agora este século deve assassinar
com outras máquinas de guerra, vamos
inaugurar a morte de outro modo,
mobilizar o sangue em outras naves.

IX
CELEBRACIÓN

Pongámonos los zapatos, la camisa listada,
el traje azul aunque ya brillen los codos,
pongámonos los fuegos de bengala y de artificio,
pongámonos vino y cerveza entre el cuello y los
      pies,
porque debidamente debemos celebrar
este número inmenso que costó tanto tiempo,
tantos años y días en paquetes,
tantas horas, tantos millones de minutos,
vamos a celebrar esta inauguración.

Desembotellemos todas las alegrías resguardadas
y busquemos alguna novia perdida
que acepte una festiva dentellada.
Hoy es. Hoy ha llegado. Pisamos el tapiz
del interrogativo milenio. El corazón, la almendra
de la época creciente, la uva definitiva
irá depositándose en nosotros,
y será la verdad tan esperada.

Mientras tanto una hoja del follaje
acrecienta el comienzo de la edad:
rama por rama se cruzará el ramaje,
hoja por hoja subirán los días
y fruto a fruto llegará la paz:

IX
CELEBRAÇÃO

Coloquemos os sapatos, a camisa listada,
o terno azul embora já brilhem os cotovelos,
coloquemos os fogos de bengala e de artifício,
coloquemos vinho e cerveja entre o pescoço e os
      pés,
porque devidamente devemos celebrar
este número imenso que custou tanto tempo,
tantos anos e dias em pacotes,
tantas horas, tantos milhões de minutos,
vamos celebrar esta inauguração.

Desengarrafemos todas as alegrias resguardadas
e busquemos alguma noiva perdida
que aceite uma festiva dentada.
Hoje é. Hoje chegou. Pisamos o tapete
do interrogativo milênio. O coração, a amêndoa
da época crescente, a uva definitiva
irá se depositando em nós,
e será a verdade tão esperada.

Enquanto isso uma folha da folhagem
acrescenta o começo da idade:
ramo a ramo se cruzará a ramagem,
folha a folha subirão os dias
e fruto a fruto chegará a paz:

el árbol de la dicha se prepara
desde la encarnizada raíz que sobrevive
buscando el agua, la verdad, la vida.

Hoy es hoy. Ha llegado este mañana
preparado por mucha oscuridad:
no sabemos si es claro todavía
este mundo recién inaugurado:
lo aclararemos, lo oscureceremos
hasta que sea dorado y quemado
como los granos duros del maíz:
a cada uno, a los recién nacidos,
a los sobrevivientes, a los ciegos,
a los mudos, a los mancos y cojos,
para que vean y para que hablen,
para que sobrevivan y recorran,
para que agarren la futura fruta
del reino actual que dejamos abierto
tanto al explorador como a la reina,
tanto al interrogante cosmonauta
como al agricultor tradicional,
a las abejas que llegan ahora
para participar en la colmena
y sobre todo a los pueblos recientes,
a los pueblos crecientes desde ahora
con las nuevas banderas que nacieron
en cada gota de sangue o sudor.

a árvore da sorte se prepara
desde a encarniçada raiz que sobrevive
buscando a água, a verdade, a vida.

Hoje é hoje. Chegou esta manhã
preparada por muita escuridão:
não sabemos se é claro porém
este mundo recém-inaugurado:
nós o aclararemos, nós o escureceremos
até que seja dourado e queimado
como os grãos duros do milho:
para cada um, os recém-nascidos,
os sobreviventes, os cegos,
os mudos, os mancos e coxos,
para que vejam e para que falem,
para que sobrevivam e corram,
para que agarrem a futura fruta
do reino atual que deixamos aberto
tanto para o explorador como para a rainha,
tanto para o interrogante cosmonauta
como para o agricultor tradicional,
para as abelhas que chegam agora
para participar da colmeia
e sobretudo para os povos recentes,
para os povos crescentes desde agora
com as novas bandeiras que nasceram
em cada gota de sangue ou suor.

Hoy es hoy y ayer se fue, no hay duda.

Hoy es también mañana, y yo me fui
con algún año frío que se fue,
se fue conmigo y me llevó aquel año.

De esto no cabe duda. Mi osamenta
consistió, a veces, en palabras duras
como huesos al aire y a la lluvia,
y pude celebrar lo que sucede
dejando en vez de canto o testimonio
un porfiado esqueleto de palabras.

Hoje é hoje e ontem se foi, não há dúvida.

Hoje é também amanhã, e eu me fui
com algum ano frio que se foi,
se foi comigo e me levou naquele ano.

Disto não há dúvida. Minha ossatura
consistiu, às vezes, em palavras duras
como ossos ao ar e à chuva,
e pude celebrar o que acontece
deixando em vez de canto ou testemunho
um obstinado esqueleto de palavras.

Coleção L&PM POCKET

750. **Tito Andrônico** – Shakespeare
751. **Antologia poética** – Anna Akhmátova
752. **O melhor de Hagar 6** – Dik e Chris Browne
753(12). **Michelangelo** – Nadine Sautel
754. **Dilbert (4)** – Scott Adams
755. **O jardim das cerejeiras** *seguido de* **Tio Vânia** – Tchékhov
756. **Geração Beat** – Claudio Willer
757. **Santos Dumont** – Alcy Cheuiche
758. **Budismo** – Claude B. Levenson
759. **Cleópatra** – Christian-Georges Schwentzel
760. **Revolução Francesa** – Frédéric Bluche, Stéphane Rials e Jean Tulard
761. **A crise de 1929** – Bernard Gazier
762. **Sigmund Freud** – Edson Sousa e Paulo Endo
763. **Império Romano** – Patrick Le Roux
764. **Cruzadas** – Cécile Morrisson
765. **O mistério do Trem Azul** – Agatha Christie
768. **Senso comum** – Thomas Paine
769. **O parque dos dinossauros** – Michael Crichton
770. **Trilogia da paixão** – Goethe
773. **Snoopy: No mundo da lua! (8)** – Charles Schulz
774. **Os Quatro Grandes** – Agatha Christie
775. **Um brinde de cianureto** – Agatha Christie
776. **Súplicas atendidas** – Truman Capote
779. **A viúva imortal** – Millôr Fernandes
780. **Cabala** – Roland Goetschel
781. **Capitalismo** – Claude Jessua
782. **Mitologia grega** – Pierre Grimal
783. **Economia: 100 palavras-chave** – Jean-Paul Betbèze
784. **Marxismo** – Henri Lefebvre
785. **Punição para a inocência** – Agatha Christie
786. **A extravagância do morto** – Agatha Christie
787(13). **Cézanne** – Bernard Fauconnier
788. **A identidade Bourne** – Robert Ludlum
789. **Da tranquilidade da alma** – Sêneca
790. **Um artista da fome** *seguido de* **Na colônia penal e outras histórias** – Kafka
791. **Histórias de fantasmas** – Charles Dickens
796. **O Uraguai** – Basílio da Gama
797. **A mão misteriosa** – Agatha Christie
798. **Testemunha ocular do crime** – Agatha Christie
799. **Crepúsculo dos ídolos** – Friedrich Nietzsche
802. **O grande golpe** – Dashiell Hammett
803. **Humor barra pesada** – Nani
804. **Vinho** – Jean-François Gautier
805. **Egito Antigo** – Sophie Desplancques
806(14). **Baudelaire** – Jean-Baptiste Baronian
807. **Caminho da sabedoria, caminho da paz** – Dalai Lama e Felizitas von Schönborn
808. **Senhor e servo e outras histórias** – Tolstói
809. **Os cadernos de Malte Laurids Brigge** – Rilke
810. **Dilbert (5)** – Scott Adams
811. **Big Sur** – Jack Kerouac
812. **Seguindo a correnteza** – Agatha Christie
813. **O álibi** – Sandra Brown
814. **Montanha-russa** – Martha Medeiros
815. **Coisas da vida** – Martha Medeiros
816. **A cantada infalível** *seguido de* **A mulher do centroavante** – David Coimbra
819. **Snoopy: Pausa para a soneca (9)** – Charles Schulz
820. **De pernas pro ar** – Eduardo Galeano
821. **Tragédias gregas** – Pascal Thiercy
822. **Existencialismo** – Jacques Colette
823. **Nietzsche** – Jean Granier
824. **Amar ou depender?** – Walter Riso
825. **Darmapada: A doutrina budista em versos**
826. **J'Accuse...!** – **a verdade em marcha** – Zola
827. **Os crimes ABC** – Agatha Christie
828. **Um gato entre os pombos** – Agatha Christie
831. **Dicionário de teatro** – Luiz Paulo Vasconcellos
832. **Cartas extraviadas** – Martha Medeiros
833. **A longa viagem de prazer** – J. J. Morosoli
834. **Receitas fáceis** – J. A. Pinheiro Machado
835(14). **Mais fatos & mitos** – Dr. Fernando Lucchese
836(15). **Boa viagem!** – Dr. Fernando Lucchese
837. **Aline: Finalmente nua!!! (4)** – Adão Iturrusgarai
838. **Mônica tem uma novidade!** – Mauricio de Sousa
839. **Cebolinha em apuros!** – Mauricio de Sousa
840. **Sócios no crime** – Agatha Christie
841. **Bocas do tempo** – Eduardo Galeano
842. **Orgulho e preconceito** – Jane Austen
843. **Impressionismo** – Dominique Lobstein
844. **Escrita chinesa** – Viviane Alleton
845. **Paris: uma história** – Yvan Combeau
846(15). **Van Gogh** – David Haziot
848. **Portal do destino** – Agatha Christie
849. **O futuro de uma ilusão** – Freud
850. **O mal-estar na cultura** – Freud
853. **Um crime adormecido** – Agatha Christie
854. **Satori em Paris** – Jack Kerouac
855. **Medo e delírio em Las Vegas** – Hunter Thompson
856. **Um negócio fracassado e outros contos de humor** – Tchékhov
857. **Mônica está de férias!** – Mauricio de Sousa
858. **De quem é esse coelho?** – Mauricio de Sousa
860. **O mistério Sittaford** – Agatha Christie
861. **Manhã transfigurada** – L. A. de Assis Brasil
862. **Alexandre, o Grande** – Pierre Briant
863. **Jesus** – Charles Perrot
864. **Islã** – Paul Balta
865. **Guerra da Secessão** – Farid Ameur
866. **Um rio que vem da Grécia** – Cláudio Moreno
868. **Assassinato na casa do pastor** – Agatha Christie
869. **Manual do líder** – Napoleão Bonaparte
870(16). **Billie Holiday** – Sylvia Fol
871. **Bidu arrasando!** – Mauricio de Sousa
872. **Os Sousa: Desventuras em família** – Mauricio de Sousa
874. **E no final a morte** – Agatha Christie

875. **Guia prático do Português correto – vol. 4** – Cláudio Moreno
876. **Dilbert (6)** – Scott Adams
877.(17).**Leonardo da Vinci** – Sophie Chauveau
878. **Bella Toscana** – Frances Mayes
879. **A arte da ficção** – David Lodge
880. **Striptiras (4)** – Laerte
881. **Skrotinhos** – Angeli
882. **Depois do funeral** – Agatha Christie
883. **Radicci 7** – Iotti
884. **Walden** – H. D. Thoreau
885. **Lincoln** – Allen C. Guelzo
886. **Primeira Guerra Mundial** – Michael Howard
887. **A linha de sombra** – Joseph Conrad
888. **O amor é um cão dos diabos** – Bukowski
890. **Despertar: uma vida de Buda** – Jack Kerouac
891.(18).**Albert Einstein** – Laurent Seksik
892. **Hell's Angels** – Hunter Thompson
893. **Ausência na primavera** – Agatha Christie
894. **Dilbert (7)** – Scott Adams
895. **Ao sul de lugar nenhum** – Bukowski
896. **Maquiavel** – Quentin Skinner
897. **Sócrates** – C.C.W. Taylor
899. **O Natal de Poirot** – Agatha Christie
900. **As veias abertas da América Latina** – Eduardo Galeano
901. **Snoopy: Sempre alerta! (10)** – Charles Schulz
902. **Chico Bento: Plantando confusão** – Mauricio de Sousa
903. **Penadinho: Quem é morto sempre aparece** – Mauricio de Sousa
904. **A vida sexual da mulher feia** – Claudia Tajes
905. **100 segredos de liquidificador** – José Antonio Pinheiro Machado
906. **Sexo muito prazer 2** – Laura Meyer da Silva
907. **Os nascimentos** – Eduardo Galeano
908. **As caras e as máscaras** – Eduardo Galeano
909. **O século do vento** – Eduardo Galeano
910. **Poirot perde uma cliente** – Agatha Christie
911. **Cérebro** – Michael O'Shea
912. **O escaravelho de ouro e outras histórias** – Edgar Allan Poe
913. **Piadas para sempre (4)** – Visconde da Casa Verde
914. **100 receitas de massas light** – Helena Tonetto
915.(19).**Oscar Wilde** – Daniel Salvatore Schiffer
916. **Uma breve história do mundo** – H. G. Wells
917. **A Casa do Penhasco** – Agatha Christie
919. **John M. Keynes** – Bernard Gazier
920.(20).**Virginia Woolf** – Alexandra Lemasson
921. **Peter e Wendy** *seguido de* **Peter Pan em Kensington Gardens** – J. M. Barrie
922. **Aline: numas de colegial (5)** – Adão Iturrusgarai
923. **Uma dose mortal** – Agatha Christie
924. **Os trabalhos de Hércules** – Agatha Christie
926. **Kant** – Roger Scruton
927. **A inocência do Padre Brown** – G.K. Chesterton
928. **Casa Velha** – Machado de Assis
929. **Marcas de nascença** – Nancy Huston
930. **Aulete de bolso**
931. **Hora Zero** – Agatha Christie
932. **Morte na Mesopotâmia** – Agatha Christie
934. **Nem te conto, João** – Dalton Trevisan
935. **As aventuras de Huckleberry Finn** – Mark Twain
936.(21).**Marilyn Monroe** – Anne Plantagenet
937. **China moderna** – Rana Mitter
938. **Dinossauros** – David Norman
939. **Louca por homem** – Claudia Tajes
940. **Amores de alto risco** – Walter Riso
941. **Jogo de damas** – David Coimbra
942. **Filha é filha** – Agatha Christie
943. **M ou N?** – Agatha Christie
945. **Bidu: diversão em dobro!** – Mauricio de Sousa
946. **Fogo** – Anaïs Nin
947. **Rum: diário de um jornalista bêbado** – Hunter Thompson
948. **Persuasão** – Jane Austen
949. **Lágrimas na chuva** – Sergio Faraco
950. **Mulheres** – Bukowski
951. **Um pressentimento funesto** – Agatha Christie
952. **Cartas na mesa** – Agatha Christie
954. **O lobo do mar** – Jack London
955. **Os gatos** – Patricia Highsmith
956.(22).**Jesus** – Christiane Rancé
957. **História da medicina** – William Bynum
958. **O Morro dos Ventos Uivantes** – Emily Brontë
959. **A filosofia na era trágica dos gregos** – Nietzsche
960. **Os treze problemas** – Agatha Christie
961. **A massagista japonesa** – Moacyr Scliar
963. **Humor do miserê** – Nani
964. **Todo o mundo tem dúvida, inclusive você** – Édison de Oliveira
965. **A dama do Bar Nevada** – Sergio Faraco
969. **O psicopata americano** – Bret Easton Ellis
970. **Ensaios de amor** – Alain de Botton
971. **O grande Gatsby** – F. Scott Fitzgerald
972. **Por que não sou cristão** – Bertrand Russell
973. **A Casa Torta** – Agatha Christie
974. **Encontro com a morte** – Agatha Christie
975.(23).**Rimbaud** – Jean-Baptiste Baronian
976. **Cartas na rua** – Bukowski
977. **Memória** – Jonathan K. Foster
978. **A abadia de Northanger** – Jane Austen
979. **As pernas de Úrsula** – Claudia Tajes
980. **Retrato inacabado** – Agatha Christie
981. **Solanin (1)** – Inio Asano
982. **Solanin (2)** – Inio Asano
983. **Aventuras de menino** – Mitsuru Adachi
984.(16).**Fatos & mitos sobre sua alimentação** – Dr. Fernando Lucchese
985. **Teoria quântica** – John Polkinghorne
986. **O eterno marido** – Fiódor Dostoiévski
987. **Um safado em Dublin** – J. P. Donleavy
988. **Mirinha** – Dalton Trevisan
989. **Akhenaton e Nefertiti** – Carmen Seganfreddo e A. S. Franchini
990. **On the Road – o manuscrito original** – Jack Kerouac
991. **Relatividade** – Russell Stannard

992. **Abaixo de zero** – Bret Easton Ellis
993.(24).**Andy Warhol** – Mériam Korichi
995. **Os últimos casos de Miss Marple** – Agatha Christie
996. **Nico Demo: Aí vem encrenca** – Mauricio de Sousa
998. **Rousseau** – Robert Wokler
999. **Noite sem fim** – Agatha Christie
1000. **Diários de Andy Warhol (1)** – Editado por Pat Hackett
1001. **Diários de Andy Warhol (2)** – Editado por Pat Hackett
1002. **Cartier-Bresson: o olhar do século** – Pierre Assouline
1003. **As melhores histórias da mitologia: vol. 1** – A.S. Franchini e Carmen Seganfredo
1004. **As melhores histórias da mitologia: vol. 2** – A.S. Franchini e Carmen Seganfredo
1005. **Assassinato no beco** – Agatha Christie
1006. **Convite para um homicídio** – Agatha Christie
1008. **História da vida** – Michael J. Benton
1009. **Jung** – Anthony Stevens
1010. **Arsène Lupin, ladrão de casaca** – Maurice Leblanc
1011. **Dublinenses** – James Joyce
1012. **120 tirinhas da Turma da Mônica** – Mauricio de Sousa
1013. **Antologia poética** – Fernando Pessoa
1014. **A aventura de um cliente ilustre** seguido de **O último adeus de Sherlock Holmes** – Sir Arthur Conan Doyle
1015. **Cenas de Nova York** – Jack Kerouac
1016. **A corista** – Anton Tchékhov
1017. **O diabo** – Leon Tolstói
1018. **Fábulas chinesas** – Sérgio Capparelli e Márcia Schmaltz
1019. **O gato do Brasil** – Sir Arthur Conan Doyle
1020. **Missa do Galo** – Machado de Assis
1021. **O mistério de Marie Rogêt** – Edgar Allan Poe
1022. **A mulher mais linda da cidade** – Bukowski
1023. **O retrato** – Nicolai Gogol
1024. **O conflito** – Agatha Christie
1025. **Os primeiros casos de Poirot** – Agatha Christie
1027.(25).**Beethoven** – Bernard Fauconnier
1028. **Platão** – Julia Annas
1029. **Cleo e Daniel** – Roberto Freire
1030. **Til** – José de Alencar
1031. **Viagens na minha terra** – Almeida Garrett
1032. **Profissões para mulheres e outros artigos feministas** – Virginia Woolf
1033. **Mrs. Dalloway** – Virginia Woolf
1034. **O cão da morte** – Agatha Christie
1035. **Tragédia em três atos** – Agatha Christie
1037. **O fantasma da Ópera** – Gaston Leroux
1038. **Evolução** – Brian e Deborah Charlesworth
1039. **Medida por medida** – Shakespeare
1040. **Razão e sentimento** – Jane Austen
1041. **A obra-prima ignorada** seguido de **Um episódio durante o Terror** – Balzac
1042. **A fugitiva** – Anaïs Nin
1043. **As grandes histórias da mitologia greco-romana** – A. S. Franchini
1044. **O corno de si mesmo & outras historietas** – Marquês de Sade
1045. **Da felicidade** seguido de **Da vida retirada** – Sêneca
1046. **O horror em Red Hook e outras histórias** – H. P. Lovecraft
1047. **Noite em claro** – Martha Medeiros
1048. **Poemas clássicos chineses** – Li Bai, Du Fu e Wang Wei
1049. **A terceira moça** – Agatha Christie
1050. **Um destino ignorado** – Agatha Christie
1051.(26).**Buda** – Sophie Royer
1052. **Guerra Fria** – Robert J. McMahon
1053. **Simons's Cat: as aventuras de um gato travesso e comilão – vol. 1** – Simon Tofield
1054. **Simons's Cat: as aventuras de um gato travesso e comilão – vol. 2** – Simon Tofield
1055. **Só as mulheres e as baratas sobreviverão** – Claudia Tajes
1057. **Pré-história** – Chris Gosden
1058. **Pintou sujeira!** – Mauricio de Sousa
1059. **Contos de Mamãe Gansa** – Charles Perrault
1060. **A interpretação dos sonhos: vol. 1** – Freud
1061. **A interpretação dos sonhos: vol. 2** – Freud
1062. **Frufru Rataplã Dolores** – Dalton Trevisan
1063. **As melhores histórias da mitologia egípcia** – Carmem Seganfredo e A.S. Franchini
1064. **Infância. Adolescência. Juventude** – Tolstói
1065. **As consolações da filosofia** – Alain de Botton
1066. **Diários de Jack Kerouac – 1947-1954**
1067. **Revolução Francesa – vol. 1** – Max Gallo
1068. **Revolução Francesa – vol. 2** – Max Gallo
1069. **O detetive Parker Pyne** – Agatha Christie
1070. **Memórias do esquecimento** – Flávio Tavares
1071. **Drogas** – Leslie Iversen
1072. **Manual de ecologia (vol.2)** – J. Lutzenberger
1073. **Como andar no labirinto** – Affonso Romano de Sant'Anna
1074. **A orquídea e o serial killer** – Juremir Machado da Silva
1075. **Amor nos tempos de fúria** – Lawrence Ferlinghetti
1076. **A aventura do pudim de Natal** – Agatha Christie
1078. **Amores que matam** – Patricia Faur
1079. **Histórias de pescador** – Mauricio de Sousa
1080. **Pedaços de um caderno manchado de vinho** – Bukowski
1081. **A ferro e fogo: tempo de solidão (vol.1)** – Josué Guimarães
1082. **A ferro e fogo: tempo de guerra (vol.2)** – Josué Guimarães
1084.(17).**Desembarcando o Alzheimer** – Dr. Fernando Lucchese e Dra. Ana Hartmann
1085. **A maldição do espelho** – Agatha Christie
1086. **Uma breve história da filosofia** – Nigel Warburton
1088. **Heróis da História** – Will Durant
1089. **Concerto campestre** – L. A. de Assis Brasil
1090. **Morte nas nuvens** – Agatha Christie
1092. **Aventura em Bagdá** – Agatha Christie

1093. O cavalo amarelo – Agatha Christie
1094. O método de interpretação dos sonhos – Freud
1095. Sonetos de amor e desamor – Vários
1096. 120 tirinhas do Dilbert – Scott Adams
1097. 200 fábulas de Esopo
1098. O curioso caso de Benjamin Button – F. Scott Fitzgerald
1099. Piadas para sempre: uma antologia para morrer de rir – Visconde da Casa Verde
1100. Hamlet (Mangá) – Shakespeare
1101. A arte da guerra (Mangá) – Sun Tzu
1104. As melhores histórias da Bíblia (vol.1) – A. S. Franchini e Carmen Seganfredo
1105. As melhores histórias da Bíblia (vol.2) – A. S. Franchini e Carmen Seganfredo
1106. Psicologia das massas e análise do eu – Freud
1107. Guerra Civil Espanhola – Helen Graham
1108. A autoestrada do sul e outras histórias – Julio Cortázar
1109. O mistério dos sete relógios – Agatha Christie
1110. Peanuts: Ninguém gosta de mim... (amor) – Charles Schulz
1111. Cadê o bolo? – Mauricio de Sousa
1112. O filósofo ignorante – Voltaire
1113. Totem e tabu – Freud
1114. Filosofia pré-socrática – Catherine Osborne
1115. Desejo de status – Alain de Botton
1118. Passageiro para Frankfurt – Agatha Christie
1120. Kill All Enemies – Melvin Burgess
1121. A morte da sra. McGinty – Agatha Christie
1122. Revolução Russa – S. A. Smith
1123. Até você, Capitu? – Dalton Trevisan
1124. O grande Gatsby (Mangá) – F. S. Fitzgerald
1125. Assim falou Zaratustra (Mangá) – Nietzsche
1126. Peanuts: É para isso que servem os amigos (amizade) – Charles Schulz
1127. (27). Nietzsche – Dorian Astor
1128. Bidu: Hora do banho – Mauricio de Sousa
1129. O melhor do Macanudo Taurino – Santiago
1130. Radicci 30 anos – Iotti
1131. Show de sabores – J.A. Pinheiro Machado
1132. O prazer das palavras – vol. 3 – Cláudio Moreno
1133. Morte na praia – Agatha Christie
1134. O fardo – Agatha Christie
1135. Manifesto do Partido Comunista (Mangá) – Marx & Engels
1136. A metamorfose (Mangá) – Franz Kafka
1137. Por que você não se casou... ainda – Tracy McMillan
1138. Textos autobiográficos – Bukowski
1139. A importância de ser prudente – Oscar Wilde
1140. Sobre a vontade na natureza – Arthur Schopenhauer
1141. Dilbert (8) – Scott Adams
1142. Entre dois amores – Agatha Christie
1143. Cipreste triste – Agatha Christie
1144. Alguém viu uma assombração? – Mauricio de Sousa
1145. Mandela – Elleke Boehmer
1146. Retrato do artista quando jovem – James Joyce
1147. Zadig ou o destino – Voltaire
1148. O contrato social (Mangá) – J.-J. Rousseau
1149. Garfield fenomenal – Jim Davis
1150. A queda da América – Allen Ginsberg
1151. Música na noite & outros ensaios – Aldous Huxley
1152. Poesias inéditas & Poemas dramáticos – Fernando Pessoa
1153. Peanuts: Felicidade é... – Charles M. Schulz
1154. Mate-me por favor – Legs McNeil e Gillian McCain
1155. Assassinato no Expresso Oriente – Agatha Christie
1156. Um punhado de centeio – Agatha Christie
1157. A interpretação dos sonhos (Mangá) – Freud
1158. Peanuts: Você não entende o sentido da vida – Charles M. Schulz
1159. A dinastia Rothschild – Herbert R. Lottman
1160. A Mansão Hollow – Agatha Christie
1161. Nas montanhas da loucura – H.P. Lovecraft
1162. (28). Napoleão Bonaparte – Pascale Fautrier
1163. Um corpo na biblioteca – Agatha Christie
1164. Inovação – Mark Dodgson e David Gann
1165. O que toda mulher deve saber sobre os homens: a afetividade masculina – Walter Riso
1166. O amor está no ar – Mauricio de Sousa
1167. Testemunha de acusação & outras histórias – Agatha Christie
1168. Etiqueta de bolso – Celia Ribeiro
1169. Poesia reunida (volume 3) – Affonso Romano de Sant'Anna
1170. Emma – Jane Austen
1171. Que seja em segredo – Ana Miranda
1172. Garfield sem apetite – Jim Davis
1173. Garfield: Foi mal... – Jim Davis
1174. Os irmãos Karamázov (Mangá) – Dostoiévski
1175. O Pequeno Príncipe – Antoine de Saint-Exupéry
1176. Peanuts: Ninguém mais tem o espírito aventureiro – Charles M. Schulz
1177. Assim falou Zaratustra – Nietzsche
1178. Morte no Nilo – Agatha Christie
1179. Ê, soneca boa – Mauricio de Sousa
1180. Garfield a todo o vapor – Jim Davis
1181. Em busca do tempo perdido (Mangá) – Proust
1182. Cai o pano: o último caso de Poirot – Agatha Christie
1183. Livro para colorir e relaxar – Livro 1
1184. Para colorir sem parar
1185. Os elefantes não esquecem – Agatha Christie
1186. Teoria da relatividade – Albert Einstein
1187. Compêndio da psicanálise – Freud
1188. Visões de Gerard – Jack Kerouac
1189. Fim de verão – Mohiro Kitoh
1190. Procurando diversão – Mauricio de Sousa
1191. E não sobrou nenhum e outras peças – Agatha Christie
1192. Ansiedade – Daniel Freeman & Jason Freeman

1193. **Garfield: pausa para o almoço** – Jim Davis
1194. **Contos do dia e da noite** – Guy de Maupassant
1195. **O melhor de Hagar 7** – Dik Browne
1196(29). **Lou Andreas-Salomé** – Dorian Astor
1197(30). **Pasolini** – René de Ceccatty
1198. **O caso do Hotel Bertram** – Agatha Christie
1199. **Crônicas de motel** – Sam Shepard
1200. **Pequena filosofia da paz interior** – Catherine Rambert
1201. **Os sertões** – Euclides da Cunha
1202. **Treze à mesa** – Agatha Christie
1203. **Bíblia** – John Riches
1204. **Anjos** – David Albert Jones
1205. **As tirinhas do Guri de Uruguaiana 1** – Jair Kobe
1206. **Entre aspas (vol.1)** – Fernando Eichenberg
1207. **Escrita** – Andrew Robinson
1208. **O spleen de Paris: pequenos poemas em prosa** – Charles Baudelaire
1209. **Satíricon** – Petrônio
1210. **O avarento** – Molière
1211. **Queimando na água, afogando-se na chama** – Bukowski
1212. **Miscelânea septuagenária: contos e poemas** – Bukowski
1213. **Que filosofar é aprender a morrer e outros ensaios** – Montaigne
1214. **Da amizade e outros ensaios** – Montaigne
1215. **O medo à espreita e outras histórias** – H.P. Lovecraft
1216. **A obra de arte na era de sua reprodutibilidade técnica** – Walter Benjamin
1217. **Sobre a liberdade** – John Stuart Mill
1218. **O segredo de Chimneys** – Agatha Christie
1219. **Morte na rua Hickory** – Agatha Christie
1220. **Ulisses (Mangá)** – James Joyce
1221. **Ateísmo** – Julian Baggini
1222. **Os melhores contos de Katherine Mansfield** – Katherine Mansfield
1223(31). **Martin Luther King** – Alain Foix
1224. **Millôr Definitivo: uma antologia de *A Bíblia do Caos*** – Millôr Fernandes
1225. **O Clube das Terças-Feiras e outras histórias** – Agatha Christie
1226. **Por que você tão sábio** – Nietzsche
1227. **Sobre a mentira** – Platão
1228. **Sobre a leitura *seguido do* Depoimento de Céleste Albaret** – Proust
1229. **O homem do terno marrom** – Agatha Christie
1230(32). **Jimi Hendrix** – Franck Médioni
1231. **Amor e amizade e outras histórias** – Jane Austen
1232. **Lady Susan, Os Watson e Sanditon** – Jane Austen
1233. **Uma breve história da ciência** – William Bynum
1234. **Macunaíma: o herói sem nenhum caráter** – Mário de Andrade
1235. **A máquina do tempo** – H.G. Wells
1236. **O homem invisível** – H.G. Wells
1237. **Os 36 estratagemas: manual secreto da arte da guerra** – Anônimo
1238. **A mina de ouro e outras histórias** – Agatha Christie
1239. **Pic** – Jack Kerouac
1240. **O habitante da escuridão e outros contos** – H.P. Lovecraft
1241. **O chamado de Cthulhu e outros contos** – H.P. Lovecraft
1242. **O melhor de Meu reino por um cavalo!** – Edição de Ivan Pinheiro Machado
1243. **A guerra dos mundos** – H.G. Wells
1244. **O caso da criada perfeita e outras histórias** – Agatha Christie
1245. **Morte por afogamento e outras histórias** – Agatha Christie
1246. **Assassinato no Comitê Central** – Manuel Vázquez Montalbán
1247. **O papai é pop** – Marcos Piangers
1248. **O papai é pop 2** – Marcos Piangers
1249. **A mamãe é rock** – Ana Cardoso
1250. **Paris boêmia** – Dan Franck
1251. **Paris libertária** – Dan Franck
1252. **Paris ocupada** – Dan Franck
1253. **Uma anedota infame** – Dostoiévski
1254. **O último dia de um condenado** – Victor Hugo
1255. **Nem só de caviar vive o homem** – J.M. Simmel
1256. **Amanhã é outro dia** – J.M. Simmel
1257. **Mulherzinhas** – Louisa May Alcott
1258. **Reforma Protestante** – Peter Marshall
1259. **História econômica global** – Robert C. Allen
1260(33). **Che Guevara** – Alain Foix
1261. **Câncer** – Nicholas James
1262. **Akhenaton** – Agatha Christie
1263. **Aforismos para a sabedoria de vida** – Arthur Schopenhauer
1264. **Uma história do mundo** – David Coimbra
1265. **Ame e não sofra** – Walter Riso
1266. **Desapegue-se!** – Walter Riso
1267. **Os Sousa: Uma família do barulho** – Mauricio de Sousa
1268. **Nico Demo: O rei da travessura** – Mauricio de Sousa
1269. **Testemunha de acusação e outras peças** – Agatha Christie
1270(34). **Dostoiévski** – Virgil Tanase
1271. **O melhor de Hagar 8** – Dik Browne
1272. **O melhor de Hagar 9** – Dik Browne
1273. **O melhor de Hagar 10** – Dik e Chris Browne
1274. **Considerações sobre o governo representativo** – John Stuart Mill
1275. **O homem Moisés e a religião monoteísta** – Freud
1276. **Inibição, sintoma e medo** – Freud
1277. **Além do princípio de prazer** – Freud
1278. **O direito de dizer não!** – Walter Riso

1279. **A arte de ser flexível** – Walter Riso
1280. **Casados e descasados** – August Strindberg
1281. **Da Terra à Lua** – Júlio Verne
1282. **Minhas galerias e meus pintores** – Kahnweiler
1283. **A arte do romance** – Virginia Woolf
1284. **Teatro completo v. 1: As aves da noite** *seguido de* **O visitante** – Hilda Hilst
1285. **Teatro completo v. 2: O verdugo** *seguido de* **A morte do patriarca** – Hilda Hilst
1286. **Teatro completo v. 3: O rato no muro** *seguido de* **Auto da barca de Camiri** – Hilda Hilst
1287. **Teatro completo v. 4: A empresa** *seguido de* **O novo sistema** – Hilda Hilst
1289. **Fora de mim** – Martha Medeiros
1290. **Divã** – Martha Medeiros
1291. **Sobre a genealogia da moral: um escrito polêmico** – Nietzsche
1292. **A consciência de Zeno** – Italo Svevo
1293. **Células-tronco** – Jonathan Slack
1294. **O fim do ciúme e outros contos** – Proust
1295. **A jangada** – Júlio Verne
1296. **A ilha do dr. Moreau** – H.G. Wells
1297. **Ninho de fidalgos** – Ivan Turguêniev
1298. **Jane Eyre** – Charlotte Brontë
1299. **Sobre gatos** – Bukowski
1300. **Sobre o amor** – Bukowski
1301. **Escrever para não enlouquecer** – Bukowski
1302. **222 receitas** – J. A. Pinheiro Machado
1303. **Reinações de Narizinho** – Monteiro Lobato
1304. **O Saci** – Monteiro Lobato
1305. **Memórias da Emília** – Monteiro Lobato
1306. **O Picapau Amarelo** – Monteiro Lobato
1307. **A reforma da Natureza** – Monteiro Lobato
1308. **Fábulas** *seguido de* **Histórias diversas** – Monteiro Lobato
1309. **Aventuras de Hans Staden** – Monteiro Lobato
1310. **Peter Pan** – Monteiro Lobato
1311. **Dom Quixote das crianças** – Monteiro Lobato
1312. **O Minotauro** – Monteiro Lobato
1313. **Um quarto só seu** – Virginia Woolf
1314. **Sonetos** – Shakespeare
1315. (35).**Thoreau** – Marie Berthoumieu e Laura El Makki
1316. **Teoria da arte** – Cynthia Freeland
1317. **A arte da prudência** – Baltasar Gracián
1318. **O louco** *seguido de* **Areia e espuma** – Khalil Gibran
1319. **O profeta** *seguido de* **O jardim do profeta** – Khalil Gibran
1320. **Jesus, o Filho do Homem** – Khalil Gibran
1321. **A luta** – Norman Mailer
1322. **Sobre o sofrimento do mundo e outros ensaios** – Schopenhauer
323. **Epidemiologia** – Rodolfo Sacacci
324. **Japão moderno** – Christopher Goto-Jones
325. **A arte da meditação** – Matthieu Ricard
326. **O adversário secreto** – Agatha Christie
327. **Pollyanna** – Eleanor H. Porter
328. **Espelhos** – Eduardo Galeano
1329. **A Vênus das peles** – Sacher-Masoch
1330. **O 18 de brumário de Luís Bonaparte** – Karl Marx
1331. **Um jogo para os vivos** – Patricia Highsmith
1332. **A tristeza pode esperar** – J.J. Camargo
1333. **Vinte poemas de amor e uma canção desesperada** – Pablo Neruda
1334. **Judaísmo** – Norman Solomon
1335. **Esquizofrenia** – Christopher Frith & Eve Johnstone
1336. **Seis personagens em busca de um autor** – Luigi Pirandello
1337. **A Fazenda dos Animais** – George Orwell
1338. **1984** – George Orwell
1339. **Ubu Rei** – Alfred Jarry
1340. **Sobre bêbados e bebidas** – Bukowski
1341. **Tempestade para os vivos e para os mortos** – Bukowski
1342. **Complicado** – Natsume Ono
1343. **Sobre o livre-arbítrio** – Schopenhauer
1344. **Uma breve história da literatura** – John Sutherland
1345. **Você fica tão sozinho às vezes que até faz sentido** – Bukowski
1346. **Um apartamento em Paris** – Guillaume Musso
1347. **Receitas fáceis e saborosas** – José Antonio Pinheiro Machado
1348. **Por que engordamos** – Gary Taubes
1349. **A fabulosa história do hospital** – Jean-Noël Fabiani
1350. **Voo noturno** *seguido de* **Terra dos homens** – Antoine de Saint-Exupéry
1351. **Doutor Sax** – Jack Kerouac
1352. **O livro do Tao e da virtude** – Lao-Tsé
1353. **Pista negra** – Antonio Manzini
1354. **A chave de vidro** – Dashiell Hammett
1355. **Martin Eden** – Jack London
1356. **Já te disse adeus, e agora, como te esqueço?** – Walter Riso
1357. **A viagem do descobrimento** – Eduardo Bueno
1358. **Náufragos, traficantes e degredados** – Eduardo Bueno
1359. **Retrato do Brasil** – Paulo Prado
1360. **Maravilhosamente imperfeito, escandalosamente feliz** – Walter Riso
1361. **É...** – Millôr Fernandes
1362. **Duas tábuas e uma paixão** – Millôr Fernandes
1363. **Selma e Sinatra** – Martha Medeiros
1364. **Tudo que eu queria te dizer** – Martha Medeiros
1365. **Várias histórias** – Machado de Assis
1366. **A sabedoria do Padre Brown** – G. K. Chesterton
1367. **Capitães do Brasil** – Eduardo Bueno
1368. **O falcão maltês** – Dashiell Hammett
1369. **A arte de estar com a razão** – Arthur Schopenhauer
1370. **A visão dos vencidos** – Miguel León-Portilla

lepmeditores
www.lpm.com.br
o site que conta tudo

IMPRESSÃO:

PALLOTTI
GRÁFICA

Santa Maria - RS | Fone: (55) 3220.4500
www.graficapallotti.com.br